GTB
Gütersloher Taschenbücher
589

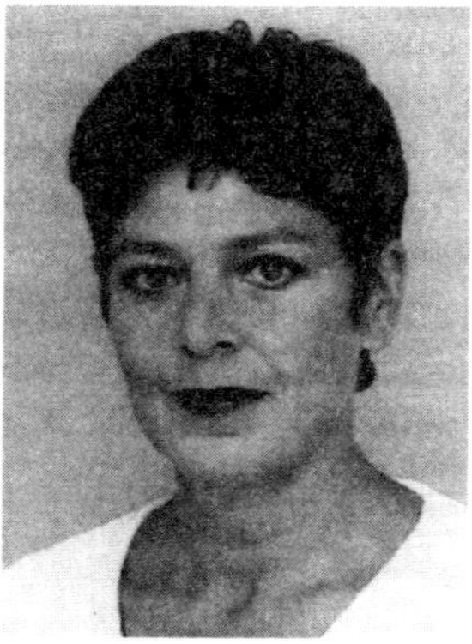

Ruth Schneider

Geboren 1953, Pädagogikstudium in Tübingen, verheiratet, zwei Kinder, arbeitet in der Elternfortbildung und als Familientherapeutin.

Kinder von 0-3

Ruth Schneider

GESCHWISTER –

streiten, toben, kuscheln

Gütersloher Verlagshaus

Originalausgabe

Die Deutsche Bibliothek – CIP-Einheitsaufnahme

Schneider, Ruth:
Geschwister – streiten, toben, kuscheln / Ruth Schneider. –
Gütersloh : Gütersloher Verl.-Haus, 2000
(Gütersloher Taschenbücher ; 589 : Kinder von 0 - 3)
ISBN 3-579-00589-8

ISBN 3-579-00589-8

Lektorat: Birgit Schreiber, Recklinghausen
Umschlaggestaltung: INIT, Bielefeld, unter Verwendung eines Fotos von Gabriele Wehmeier, Steinhagen
Satz: Weserdruckerei Rolf Oesselmann GmbH, Stolzenau
Druck und Bindung: Těšínská Tiskárna AG, Český Těšín
Gedruckt auf chlorfrei gebleichtem Werkdruckpapier
Printed in Czech Republic

INHALT

VORWORT

In diesem Buch stehen praktische Fragen aus dem Alltag von Familien mit mehreren Kindern im Mittelpunkt. Es wendet sich an Mütter und Väter, die bereits mehrere Kinder haben, und an Eltern, die sich mit der Frage beschäftigen, ob ihr Kind Geschwister braucht und welche Bedeutung Geschwister füreinander haben.

Die Beziehung zu den Geschwistern überdauert oft, rein zeitlich gesehen, alle anderen Beziehungen. Eltern sterben, Freundschaften lösen sich auf, Ehen werden geschieden. Die Beziehung zu den Geschwistern bleibt, auch wenn nur wenig oder gar kein Kontakt besteht. Geschwister haben eine gemeinsame Geschichte, die sie verbindet. Dieses Buch will zeigen, was Geschwister aneinander haben können, wie sie sich gegenseitig beeinflussen und was Eltern bei Konflikten zwischen Geschwistern tun können.

Das Thema »Streit zwischen Geschwistern« ist in vielen Familien ein Dauerbrenner, deshalb wird es besonders ausführlich behandelt.

Wenn im folgenden von Eltern und Familien die Rede ist, so ist das eine sprachliche Vereinfachung. Gemeint sind die Erwachsenen, die mit Kindern zusammenleben und sie erziehen. Das sind z.B. leibliche Eltern, alleinerziehende Mütter und Väter, Stieffamilien und Adoptivfamilien. Ich spreche lediglich der Einfachheit halber von Eltern und Familie.

Sie werden viele praktische Anregungen und Vorschläge finden, die jeweils unter dem Titel »Praktische Hinweise« zusammengefaßt sind. Da dies aber ein Buch über das Zusammenleben von Menschen in einer Familie und über die Erziehung von Kindern ist, sollten Sie diese Hinweise nicht wie die Rezepte eines Kochbuchs lesen. Jedes Kind, jede Mutter, jeder Vater und jede Familie reagiert anders; was bei den einen prima klappt, kommt für andere gar nicht erst in Frage. Die Überlegung: »Paßt das zu mir, meinem Kind und meiner Familie?« gehört zur Anwendung der praktischen Hinweise dazu. Für das Zusammenleben mit Kindern gibt es keine Rezepte. Trotzdem gibt es viele verschiedene Möglichkeiten, es »gut« zu machen, auch wenn die Erwachsenen immer mal wieder feststellen, daß die Dinge nicht so laufen wie geplant. So merken viele Eltern im Alltag, daß sie von ihrem Idealbild einer Mutter oder eines Vaters ein ganzes Stück entfernt sind. Elternsein kann man eben nicht erst einmal üben, es gibt keine Proben – Improvisation ist angesagt. Eltern entwickeln ihre Fähigkeiten, während sie bereits in der vollen Verantwortung stehen. Um ein Auto fahren zu dürfen, muß man einen Führerschein erwerben. Während der Fahrstunden korrigiert der Fahrlehrer die Fehler oder greift in kritischen Situationen rettend ein. Außerdem erwirbt man in Theoriestunden Kenntnisse über die zahlreichen Regeln, die im Straßenverkehr gelten. Die viel kompliziertere Aufgabe der Kindererziehung müssen Eltern ohne eine solche fundierte Vorbereitung bewältigen, die Regeln, die für das Zusammenleben notwendig sind, müssen sie weitgehend selbst aufstellen, und in Krisensituationen sind sie erst einmal auf sich selbst gestellt. Eltern sein heißt *learning by doing;* der Anspruch, es perfekt zu machen, ist da eher hinderlich. In diesem Sinn sind die »Praktischen Hinweise« Vorschläge und kein Anforderungskatalog an Eltern.

Stuttgart, im Dezember 1999 R. Schneider

WAS GESCHWISTER ANEINANDER HABEN

Geschwister sind sowohl Vertraute als auch Rivalen. Ihre Gemeinschaft in der Kindheit und Jugend ist nicht frei gewählt, sondern eher eine Art Zwangsgemeinschaft mit vielen möglichen Schattierungen zwischen Nähe und Distanz, Ablehnung und Zuneigung, Rivalität und Solidarität.
Die meisten Eltern werden die folgenden Situationen kennen:
Ihre Kinder streiten um Spielsachen, einer zerstört dem anderen das mühsam Aufgebaute, sie beschimpfen sich, kratzen, beißen oder schlagen sich, schließen den anderen aus oder neiden ihm die Zuwendung der Eltern. Zehn Minuten später sitzen sie kichernd zusammen, werden immer alberner oder erfinden ein tolles Spiel.
»Es gibt zwischen Geschwistern eine bestimmte Art von Lachen, eine bestimmte Art von Weinen, eine bestimmte Art, sich zu *kennen*, die es *nur* zwischen Geschwistern gibt.« (Francine Klagsbrun, Der Geschwisterkomplex, München 1997, S. 401)
Die Bandbreite dessen, was Geschwister miteinander erleben und lernen können, ist ausgesprochen groß!

JEDE MENGE PLUSPUNKTE: VOM SCHMUSEN, SPIELEN, STREITEN UND VONEINANDER LERNEN

Quatschmachen und Schmusen:

Mit keinem läßt sich so wunderbar Blödsinn machen, wie mit den Geschwistern. Unsinnige Wörter erfinden, mit fürchterlichen Schmatzgeräuschen einen Schokoladenpudding essen,

Grimassen schneiden, sich kitzeln – die Möglichkeiten sind unendlich, und für Kinder ist es wunderbar, jemanden in der Familie zu haben, dessen Sinn für Komik auf gleicher Ebene liegt. Auch wenn Sie als Erwachsener in der Lage sind, sich auf kindlichen Quatsch einzulassen, können Sie einem Geschwisterkind beim Blödsinnmachen nie so ganz das Wasser reichen. Das gemeinsame Lachen und Kichern unter Geschwistern hat eine ganz eigene Qualität und ist ein wichtiger Bestandteil glücklicher Momente in einem Kinderleben.
Nach dem Aufwachen unter die Bettdecke des Geschwisters krabbeln, sich im Spielzelt aneinander kuscheln, das Baby streicheln oder herumtragen, auch das sind Möglichkeiten innerhalb einer Geschwisterbeziehung, bei denen die Kinder Vertrautheit und Geborgenheit in der Familie erleben.

Zusammen spielen:

Kinder sind gesellige Wesen. Auch Kinder, die sich gut alleine beschäftigen können, haben in aller Regel in vielen Situationen den Wunsch nach einem Spielkameraden. Geschwister haben die Möglichkeit, in den vielen Situationen, in denen keine Spielkameraden außerhalb der Familie zur Verfügung stehen, einen Spielpartner zu finden: Am Sonntagvormittag, wenn es regnet und man nicht auf den Spielplatz kann, wenn die Freunde keine Zeit haben oder gerade Ferienzeit ist, dann sind Geschwister oft die Rettung vor dem ungeliebten Alleinspielen.
Beim Rollenspiel, der wichtigsten Spielform ab drei Jahren, sind Spielpartner ein großer Gewinn. Es macht den Kindern wesentlich mehr Spaß, in eine Rolle zu schlüpfen und sie auszubauen, wenn sie einen oder mehrere Mitspieler haben. Kinder verwandeln sich in Fahrzeuge, Schmusekatzen, Raubtiere, fürsorgliche Eltern, Bauern, Räuber und vieles mehr. Beim Rollenspiel gibt es für Kinder ungeheuer viel zu lernen: Indem das Kind eine Rolle ausfüllt, versetzt es sich in die andere Person; es erlebt ihre Gefühle und Gedanken und lernt so ganz nebenbei

sehr viel über seine Umgebung. Darüber hinaus kann es sich im Spiel Wünsche erfüllen, die ihm in der Realität versagt bleiben, und es kann seine Gefühle ausdrücken und verarbeiten. Kinder lieben das Rollenspiel und können im Kindergartenalter oft gar nicht genug davon bekommen.
Für das Rollenspiel gilt wie für das Quatschmachen, daß Erwachsene nur zweite Wahl als Spielpartner sind. Oder können Sie sich vorstellen, voller Begeisterung und Hingabe stundenlang sämtliche Puppen und Teddybären zu untersuchen und liebevoll zu verarzten, oder einen Nachmittag lang durch die Wohnung zu pirschen auf der Jagd nach wilden Tieren?
Für das gemeinsame Spiel von Geschwistern ist es natürlich von Bedeutung, wie groß der Altersunterschied ist, welches Geschlecht die Kinder haben und wieviele Kinder in der Familie sind. Ist der Altersunterschied geringer, sind die Interessen und Fähigkeiten ähnlicher als bei einem größeren Altersunterschied, was das gemeinsame Spielen und gerade das Rollenspiel eher ermöglicht. Doch selbst bei größerem Altersabstand spielen die Kinder oft lieber gemeinsam, als sich alleine zu beschäftigen.
Das gemeinsame Spiel von Schwestern und Brüdern nimmt im Verlauf der Grundschulzeit meist ab, weil sich die Interessen von Jungen und Mädchen dann oft sehr unterschiedlich entwikkeln. Dann werden Freunde und Spielkameraden außerhalb der Familie immer wichtiger.
Die Wunschvorstellung vieler Eltern ist es, daß ihre Kinder oft und harmonisch miteinander spielen. Eltern können das fördern, erzwingen können sie das gemeinsame Spielen aber nicht. Unterschiedliche, altersbedingte Fähigkeiten, sehr verschiedene Interessen und Temperamente führen häufig dazu, daß Geschwister nur wenig miteinander anfangen können.

Einfühlungsvermögen entwickeln – voneinander lernen:

Die Fähigkeit, sich in einen anderen Menschen hineinzuversetzen, verstehen zu können, was er fühlt und denkt, gehört zu den grundlegenden sozialen Fähigkeiten, die wir benötigen. Geschwister üben diese Fähigkeit Tag für Tag beim gemeinsamen Spielen, in Konfliktsituationen, wenn eines der Kinder traurig, verletzt oder wütend ist und in vielen anderen Situationen. Das Erstgeborene lernt, sich in das Baby hineinzuversetzen. Es begreift nach und nach, daß das Baby vieles noch nicht kann und andere Bedürfnisse hat als es selbst. Oft versteht es das jüngere Geschwister besser als die Eltern und übernimmt ab und an eine Dolmetscherfunktion. Das Kleinere lernt ständig durch Beobachtung und Nachahmung des Größeren und übt dabei auch sein Einfühlungsvermögen. So werden jüngere Geschwister oft schon von den älteren von Babyzeit an in Spiele eingebunden und sind bereits mit zwei Jahren in der Lage, sich in einfache Rollen hineinzuversetzen.

Geschwister lernen sehr viel voneinander, mehr als sie von Erwachsenen lernen. So ahmen die Jüngeren ständig die Älteren nach, schauen sich so gut wie alles bei ihnen ab. Es ist immer wieder verblüffend zu sehen, was die Kleinen so ganz nebenbei von den Größeren an Wissen, Fertigkeiten und Anregungen übernehmen. Ein Bilderbuch anschauen, ein Puzzle legen, Malen, Basteln, Bauen, später dann Interesse für Zahlen und Buchstaben haben, das alles und vieles mehr lernen die jüngeren Geschwister von den älteren.

Umgekehrt kann auch das Erstgeborene von einem Geschwisterkind lernen. Dabei geht es weniger um den Erwerb von Wissen oder Fertigkeiten. Aber vielleicht wird plötzlich ein Spielzeug interessant, mit dem das Kind bisher nichts anzufangen wußte. Jetzt beobachtet das Kind, was seine Schwester oder sein Bruder damit anstellt, und entwickelt so Interessen, die es bisher nicht hatte. Das gleiche gilt für viele Beschäftigungen; auch jüngere Geschwister können Anregungen und Ideen liefern.

Das Älteste kann auch vom Kleineren lernen, sich Schutz, Trost und Zärtlichkeiten zu holen, ab und an auch wieder »klein« zu sein. So lernen die Größeren von den Kleineren mehr auf einer emotionalen Ebene.

Hilfsbereitschaft erlernen – Verantwortung übernehmen:

Kinder lernen von ihren Eltern, anderen zu helfen oder sie zu trösten. Wie hilfsbereit Geschwister miteinander umgehen, hängt stark von der Familienatmosphäre und dem Vorbildverhalten der Erwachsenen ab. Wenn die Eltern kooperativ und unterstützend miteinander und den Kindern umgehen, dann sind auch die Geschwister in der Lage, sich zu helfen oder gegenseitig zu trösten. Eltern können das, außer durch ein gutes Vorbildverhalten, fördern, indem sie nicht allzeit bereit zur Verfügung stehen, sondern den Kindern auch Gelegenheit geben, einander beizustehen. Ansonsten besteht die Gefahr, daß die Kinder zu stark auf den Erwachsenen bezogen sind und Hilfen von Geschwistern abgelehnt oder gar nicht erst angeboten werden. Helfen und Trösten gehört zum Alltag einer Geschwisterbeziehung; doch genauso gehört dazu, daß die Hilfe nicht angeboten wird. Kinder können auch ziemlich ungerührt mit ansehen, daß ein Geschwisterkind gerade in Schwierigkeiten steckt.
Meistens sind es die Ältesten, die schon mal die Verantwortung übernehmen oder ausdrücklich übertragen bekommen, wenn die Erwachsenen anderweitig beschäftigt sind. Das älteste Kind hat dadurch oft eine gute Gelegenheit »Führungsqualitäten« zu entwickeln. Allerdings werden die Ältesten auch manchmal überfordert, wenn Eltern sie zu früh oder zu häufig mit der Verantwortung für ein jüngeres Geschwisterkind betrauen.

Solidarität üben:

Ein Einzelkind steht seinen Eltern immer alleine gegenüber, während Geschwister die wunderbare Gelegenheit haben, sich

ab und zu gegen die Erwachsenen zu verbünden. Das kommt vor allem dann vor, wenn die Kinder Forderungen durchsetzen wollen. Zu zweit oder zu dritt lassen sich Forderungen nach ausgedehnterem Fernsehen, nicht aufräumen zu müssen oder der Gestaltung des Sonntagsprogramms wesentlich nachdrücklicher in die Familie einbringen. Regeln gemeinsam zu übertreten fällt manchmal leichter, und die Konsequenzen gemeinsam auszubaden ist oft nur halb so schlimm. Es kommt auch vor, daß Geschwister sich gegenseitig unterstützen, wenn eines findet, daß das andere von den Eltern ungerecht behandelt wird. Das ist für die Eltern dann meist ein Hinweis, daß sie wirklich überlegen sollten, ob ihr Handeln angemessen ist.
Geschwistersolidarität zeigt sich aber vor allem außerhalb der Familie. Fast alle Geschwister treten für einander ein und helfen sich gegenseitig, wenn eines bedroht oder angegriffen wird. Ob auf dem Spielplatz, Schulweg oder Pausenhof, Geschwister sind verläßliche Verbündete und oft zur Stelle, wenn man Unterstützung braucht. Dabei beschützen sie sich manchmal auch so, wie es Erwachsene nicht könnten oder gar nicht wollten, aber durchaus wirksam.

Streiten und Konflikte regeln lernen:

Hierfür bieten Geschwister ein ideales Übungsfeld. So anstrengend Geschwisterstreit für die Erwachsenen auch sein mag, für Kinder gibt es hier viel zu lernen: Sie üben sich zu behaupten und durchzusetzen, aber auch mal zurückzustecken; sie lernen, den eigenen Ärger und die Wut angemessen auszudrücken, nach Kompromissen zu suchen und Vorschläge zu machen, wie der Konflikt zu regeln ist. Streiterfahrung mit Geschwistern ist eine nützliche Vorbereitung auf Auseinandersetzungen auf dem Spielplatz und im Kindergarten, denn Kinder untereinander streiten anders als Erwachsene mit Kindern. Wenn Kinder an Auseinandersetzungen unter Kindern gewöhnt sind, erschrecken sie nicht mehr so leicht, wenn es einmal rauher zugeht.

BRAUCHT EIN KIND GESCHWISTER?

Die Mehrheit der Kinder hat immer noch einen Bruder oder eine Schwester. Nur etwa jedes fünfte Kind ist Einzelkind. Sind Einzelkinder schlechter dran und entwickeln negative Eigenschaften? Sind sie egoistischer und sozial weniger kompetent? Sollten Eltern noch ein Kind bekommen, damit das erste nicht als verwöhntes Einzelkind aufwächst?
Die vielen negativen Annahmen, die es über Einzelkinder gibt, wurden in Untersuchungen nicht bestätigt und lassen sich so nicht verallgemeinern. Von den vielen Vorteilen, die es hat, einen Bruder oder eine Schwester zu haben, war bereits die Rede. Trotzdem sollten Eltern die Entscheidung für ein weiteres Kind allein davon abhängig machen, ob sie selbst den Wunsch haben, noch ein Kind zu bekommen. Es ist wenig sinnvoll, ein zweites Kind hauptsächlich unter dem Aspekt »Geschwister für das erste Kind« zu sehen, denn die Eltern müssen ja all das, was mit einem weiteren Kind verbunden ist, tragen und deshalb auch selbst wollen, damit sich eine gute Beziehung entwickeln kann. Entscheidend ist, daß die Eltern sich einig sind bei der Abwägung der Vor- und Nachteile mehrerer Kinder.
Wenn ein Kind als Einzelkind aufwächst, dann braucht es eben viel Kontakt zu anderen Kindern, um soziale Fähigkeiten auszubilden und den Umgang mit Kindern zu erlernen. Krabbelgruppen, Eltern-Kind-Gruppen Kindergärten oder Kindertagesstätten und viele Kindersportgruppen bieten dazu die Möglichkeit.
Einzelkinder werden manchmal von den Erwartungen ihrer Eltern überfordert. In einer Familie mit mehreren Kindern haben die Eltern die Möglichkeit, ihre Erwartungen und Träume

auf mehrere Kinder zu verteilen. Bei Einzelkindern besteht die Gefahr, daß die Erwachsenen sie mit ihren Anforderungen überfrachten. Eltern von Einzelkindern sollten deshalb ein besonderes Augenmerk darauf richten, nicht zu hohe Ansprüche an ihr Kind zu stellen. Im übrigen können sie guten Gewissens die Vorteile genießen, die es hat, nur ein Kind zu haben.

Praktische Hinweise für Eltern

So können Sie die positiven Aspekte in einer Geschwisterbeziehung fördern:

- Stellen Sie Spielmaterial zur Verfügung, daß zum gemeinsamen Spiel anregt. Dazu eignet sich hervorragend eine Verkleidungskiste mit vielen verschiedenen Tüchern, Gardinenresten, Bändern, Gürteln, Krawatten, Hüten, Taschen, Handschuhen etc. Auch Spielpolster in verschiedenen Größen sind geeignet, um Kindern verschiedenen Alters gemeinsame Spielmöglichkeiten zu eröffnen. Das gleiche gilt für ein kleines Spielzelt und einen Handwagen zum Ziehen.
- Ermöglichen Sie es Ihren Kindern, zu gemeinsamem Spiel und gegenseitiger Unterstützung zu finden, indem Sie sich manchmal zurücknehmen und nicht ständig für jedes Kind als Spielpartner oder Helfer zur Verfügung stehen. Das größere Kind kann dem quengelnden Baby mal ein Spielzeug bringen, das kleinere Kind kann zum Spielpartner werden für das größere, das sich langweilt, z.B. beim Versteckenspielen.
- Respektieren Sie den Wunsch des ältesten Kindes, auch noch klein sein zu dürfen.
- Machen Sie das älteste Kind nicht zum Babysitter.

- Wenn Geschwister beim Spielen wenig miteinander anfangen können, geben Sie ihnen Gelegenheit, unabhängig voneinander Spielkameraden und Freunde zu finden. Krabbelgruppen, Eltern-Kind-Gruppen und Kinderturngruppen bieten z.B. die Möglichkeit, vor dem Eintritt in den Kindergarten in Kontakt mit Gleichaltrigen zu kommen.

DiE GROSSEN UND DiE KLEiNEN

DIE BEDEUTUNG DER GESCHWISTERFOLGE FÜR DIE PERSÖNLICHKEITSENTWICKLUNG DES KINDES

Welche Rolle spielt es für die Persönlichkeit eines Menschen, ob er als ältestes, mittleres oder jüngstes Kind in einer Familie aufwuchs? Ist es von Bedeutung für das weitere Leben, ob man unter lauter Brüdern, nur Schwestern oder in einer gemischtgeschlechtlichen Geschwisterreihe groß wurde? Diese Fragen werden von Wissenschaftlern sehr unterschiedlich beantwortet.
Auf der einen Seite steht die Auffassung, daß viele verschiedene Einflüsse die Entwicklung der Persönlichkeit beeinflussen, so daß der Stellung in der Geschwisterreihe keine herausragende Bedeutung zukommt. Solche Faktoren sind z.B. genetische Veranlagung, Beruf, finanzielle Situation und soziales Ansehen der Eltern, Wohnsituation der Familie, Eineltern- oder Stieffamilie, religiöse oder weltanschauliche Orientierung, der Umgang der Eltern miteinander, Erziehungsstile, Suchtmittelgebrauch eines Elternteils, der Einfluß Gleichaltriger, Schulbesuch und vieles mehr. Für die individuelle Entwicklung ist nach dieser Auffassung die Position in der Geschwisterreihe nur ein Faktor unter vielen.
Eine andere Sicht der Persönlichkeitsentwicklung beruft sich auf den Psychoanalytiker Alfred Adler, der der Stellung des Kindes in der Geschwisterreihe eine große Bedeutung beimaß. Adler ging davon aus, daß Geschwister um die Anerkennung und Liebe ihrer Eltern kämpfen und stellte das Geltungsstreben des Kindes in den Mittelpunkt seiner Überlegungen. Das Kind vergleicht sich mit seinen Geschwistern und stellt fest, worin es ihnen über- bzw. unterlegen ist. Es kann weniger als das Erste, aber mehr als das Jüngste. Aus diesen Erfahrungen bezieht das Kind seine Selbsteinschätzung. Die Stellung in der

Geschwisterreihe und das Geschlecht sind wichtige Faktoren, die den späteren Lebensstil beeinflussen. Aufbauend auf der Theorie von Adler hat es in den letzten Jahrzehnten eine Fülle von Forschungen zum Thema »Stellung in der Geschwisterreihe und ihr Einfluß auf die Persönlichkeit« gegeben. Ein Zusammenhang zwischen Geschwisterfolge und Persönlichkeitsentwicklung ließ sich aber oft nicht eindeutig nachweisen. Auch wenn die Position in der Geschwisterreihe sich auf die Persönlichkeit des Kindes auswirkt, dürfen wir nicht vergessen, daß jedes Kind einmalig ist und wir diese Einmaligkeit nicht allgemeinen Kategorien wie »Ältestes« oder »Jüngstes« unterordnen dürfen.

Ungeachtet der Diskussion unter Wissenschaftlern haben viele Eltern aber von vornherein, bewußt oder unbewußt, feste Erwartungen an ihre Ältesten oder Jüngsten. So rechnen viele Eltern mit großer Eifersucht des Ältesten, befürchten gar, daß es durch die Ankunft eines Geschwisters seelischen Schaden nimmt, oder erwarten von Anfang an, daß das Jüngste ein sonniges Gemüt haben wird. Die Wirksamkeit solcher Erwartungen ist nicht zu unterschätzen. Oft tritt das ein, was wir erwarten, *weil* wir es erwarten.

Wenn im folgenden die Positionen in der Geschwisterreihe und ihre Bedeutung für die Persönlichkeit des Kindes beschrieben werden, dann als *mögliche* Auswirkung und nicht als Schicksal. Die Beschreibung will Sie als Eltern dazu anregen, Ihr Augenmerk darauf zu lenken, was es in Ihrer Familie bedeutet, ältestes, mittleres oder jüngstes Kind zu sein, und welche Chancen oder Schwierigkeiten die jeweilige Position für das Kind bedeuten kann. Nicht die Stellung in der Geschwisterreihe an sich ist prägend, sondern die Erfahrungen, die das Kind in dieser Position macht, was von Familie zu Familie ja sehr verschieden sein kann.

DAS ÄLTESTE KIND

Die Ankunft des Erstgeborenen ist für die Mutter und den Vater etwas ganz Einmaliges. Es ist eben das erste Mal für die Eltern, daß Schwangerschaft, Geburt und Einzug eines Kindes erlebt werden und deshalb ein einzigartiges Ereignis. Den meisten Erstgeborenen kommt daher zunächst einmal eine Prinzen- bzw. Prinzessinenrolle zu. Sie erleben sich als Nabel der Welt, bekommen die ungeteilte Liebe, Aufmerksamkeit und Zuwendung der Eltern, oft auch die der Großeltern und anderer Verwandter. Andererseits erleben sie aber auch die Unsicherheit der Eltern, die noch »üben« müssen und häufig nicht so recht wissen, wie sie sich dem Kind gegenüber verhalten wollen. Erstgeborene erfahren viel Förderung, stehen aber oft auch unter einem hohen Erwartungsdruck der Eltern. So werden viele Erstgeborene von ihren Eltern eher ängstlich beobachtet, ob sie sich auch gut entwickeln, häufig mit anderen Kindern ihres Alters verglichen.

Wenn das Kind in einem Bereich nur langsam Fortschritte macht, stellen sich bei den Eltern schnell Sorge und Unsicherheit ein. Erstgeborene erfahren sowohl die Fürsorge als auch die Unsicherheit und den Erwartungsdruck der Eltern in vollem Ausmaß. In der Regel entwickeln Erstgeborene in den ersten Lebensjahren eine sehr enge Bindung an ihre Eltern. Sie orientieren sich stärker als die nachfolgenden Geschwister am Vorbild der Eltern, bemühen sich mehr, die Erwartungen der Eltern zu erfüllen und sind leistungsbereiter. Weil das erstgeborene Kind die Werte und Lebensgewohnheiten der Eltern am stärksten übernimmt, gilt es als konservativ; es scheint eher geneigt die bestehenden Verhältnisse zu bewahren als in Frage zu stellen und gilt als autoritätsgläubig. Es ist auch häufiger mit sich selbst unzufrieden, weil die Eltern an das erste Kind hohe Erwartungen haben, und es neigt zu Ängstlichkeit in schwierigen Situationen. Der Machtfaktor spielt eine größere Rolle in seinen Beziehungen zu anderen Menschen; so konkurriert es stärker, ist eifersüchtiger, aggressiver und strebt mehr nach Einflußnahme und Kontrolle als spätergeborene Kinder.

Mit der Ankunft des zweiten Kindes ändert sich für das Erstgeborene alles. Die Entthronung des Kronprinzen bzw. der Kronprinzessin beginnt. Bis jetzt stand das Erstgeborene im Mittelpunkt der elterlichen Aufmerksamkeit. Vieles, was es tat, wurde anerkennend von den Eltern beachtet, jeder neue Entwicklungsschritt mit Begeisterung registriert. Von einem Tag auf den anderen reden die Eltern nun ständig von dem Neuen, stehen an seinem Bett, zeigen es stolz Verwandten und Bekannten, füttern, baden, wickeln es, tragen es herum und wenn es schreit, schauen sie sofort nach, was los ist, und unternehmen alle möglichen Anstrengungen, um es zufrieden zu stellen. Außerdem verlangen sie Rücksichtnahme und Vorsicht im Umgang mit dem Kleinen. Besuch der Familie will als erstes das Baby sehen, das ausgiebig bewundert wird, während das Älteste plötzlich nicht mehr so interessant ist.
Stellen Sie sich vor, Sie kommen nach Hause, Ihr Partner/Ihre Partnerin sitzt Arm in Arm mit einem anderen/einer anderen auf dem Sofa und fragt Sie strahlend: »Ist er/sie nicht süß? Er/Sie gehört jetzt auch zu uns!« Sie können dann vielleicht nachempfinden, welche Gefühle von Eifersucht und Wut das älteste Kind manchmal durchlebt.
So kommt es denn auch oft beim Stillen zu Störmanövern des Älteren. Aus der Sicht des Kindes mag die Situation so aussehen: Da sitzt die Mutter, ist ganz konzentriert auf das Baby und sieht ihm versunken in die Augen. Dagegen muß sich doch etwas unternehmen lassen! Am besten, man findet etwas, was auf jeden Fall Aufmerksamkeit erregt, etwas, was die Mutter zwingt, ihre Aufmerksamkeit vom Baby weg auf einen selbst zu lenken. Am schnellsten klappt das, wenn man etwas Verbotenes tut.
Sollte ihr Ältestes solche oder ähnliche Verhaltensweisen zeigen, ist das für Sie zwar nervenaufreibend, deutet aber nicht

auf einen besonders schwierigen Charakter ihres Kindes hin. Sehr viele Erstgeborene tun alles, um ihre stillenden Mütter zu stören, auch wenn sie immer wieder erklärt bekommen, daß das Stillen nötig ist, um das Baby zu ernähren. Selbst die besten Erklärungen können manchmal das Gefühl des Ausgeschlossenseins nicht vertreiben. Das Kind braucht Zeit, um sich an die neue Situation zu gewöhnen und zu erleben, daß ihm die Liebe und Zuwendung der Mutter trotz der Ankunft des Babys sicher sind. Manchmal hilft es dem Kind, wenn es sich auch an die Mutter kuscheln kann, während sie das Baby stillt, manche Kinder möchten dann wieder aus einem Fläschchen trinken. Dagegen spricht nichts, diese Phase geht vorüber.
Kinder nehmen anfangs Kontakt mit dem Baby auf, *während* die Eltern sich mit dem Kleinen beschäftigen. Die Erstgeborenen möchten daran Anteil nehmen, sie beobachten die Erwachsenen im Umgang mit dem Baby und lernen von ihnen. Das Ältere kann helfen, das Baby zu baden, es kann beim Wickeln eincremen oder pudern, es kann dem Baby ein Spielzeug bringen oder ihm etwas vorspielen. So entsteht langsam eine Beziehung zwischen den Geschwistern.

Wissenschaftlerinnen des Berliner Max-Planck-Instituts für Bildungsforschung (Yvonne Schütze, Rivalität und Integration: Wenn das zweite Kind kommt..., in: Familien-Bande: Chancen und Krisen einer Lebensform, Weinheim, Basel 1986) und der Frankfurter Universität (Heide Kallert (Hg.), Geschwister im frühen Kindesalter, Frankfurt/M. 1990) haben herausgefunden, daß es ca. zwei Jahre dauert, bis sich eine Familie nach der Ankunft eines zweiten Kindes wieder neu geordnet und an die veränderte Situation angepaßt hat. Solange dauert es ungefähr, bis die Geschwister sich aneinander gewöhnt haben, und das ist sicher länger, als viele Eltern vermuten. Die Gewöhnung der Kinder aneinander erfolgt in drei Phasen:

1. Wenn das zweite Kind null bis acht Monate alt ist, zeigt das älteste oft Auffälligkeiten wie Schlafprobleme oder aggressives Verhalten gegen die Eltern.
2. Wenn das zweite Kind zu krabbeln beginnt, erobert es sich den Raum des Erstgeborenen, das sich jetzt oft gestört fühlt und aggressiv auf sein Geschwisterkind reagiert. Die Kleinen beginnen sich zu wehren. Es kommt zu Auseinandersetzungen, aber auch zu positiven Interaktionen.
3. Wenn das zweite Kind zwischen 15 Monaten und zwei Jahren ist, beginnen die Kinder miteinander zu spielen. Anregungen dazu gehen jetzt auch vom zweiten Kind aus. In der Familie gibt es jetzt zwei Untergruppen: die Eltern und die Kinder.

Durch die viele Aufmerksamkeit, die ein Baby von seinen Eltern bekommt, erscheint es dem älteren Kind oft sehr erstrebenswert, klein und hilflos zu sein. Es ist deshalb wichtig, das Kind in dem zu bestätigen, was es nur deshalb kann, weil es älter als das Baby ist, und es erleben zu lassen, daß es sich lohnt, älter zu werden und »groß« zu sein.
Umgekehrt kann übertriebene Anteilnahme der Eltern für die manchmal schwierige Situation des Erstgeborenen zu einer starken Parteinahme für das ältere Kind führen, die das zweite benachteiligt oder dem älteren signalisiert, daß es wirklich in einer schlimmen Situation ist, was seine Schwierigkeiten nur verstärkt. Die wissenschaftliche Beobachtung von kleinen Kindern hat aber auch gezeigt, daß die älteren nicht nur eifersüchtig sind, sondern auch positive Gefühle für ihr Geschwister haben, sie oft besser verstehen als die Eltern, bemuttern und trösten können. »Im Lauf der Zeit nimmt diese Mischung aus Empathie [Einfühlungsvermögen, die Verfasserin] und Wut ein Eigenleben an. Die älteren Kinder orientieren sich am Verhalten der Eltern und werden selbst zu Erziehern. Sie lernen, die Geschwister zum Lachen zu bringen, und Zärtlichkeit zu äußern, sie zu imitieren und umgekehrt von ihnen imitiert zu

werden. Durch die häufigen Ermahnungen der Eltern, den Kleinen nicht weh zu tun, lernen ältere Geschwister, die jüngeren zu beschützen, zunächst vielleicht nur um den Eltern zu gehorchen, aber zunehmend auch aus einem inneren Verantwortungsgefühl heraus.« (Francine Klagsbrun, Der Geschwisterkomplex, München 1997, S. 58)

Praktische Hinweise für Eltern

Eltern können einiges dafür tun, daß Gefühle von Wut, Eifersucht und Konkurrenz beim ältesten Kind nicht überhandnehmen. Dazu gehören:

- Eine gute Vorbereitung des Erstgeborenen auf die Ankunft des Babys: Erzählen Sie ihm von dem Kind, das in Ihrem Bauch wächst. Lassen Sie es horchen und fühlen, wie das Baby strampelt. Bei Kleinkindern hat es wenig Sinn, schon in den ersten Monaten der Schwangerschaft von der Ankunft des zweiten zu erzählen. Ein halbes Jahr ist eine sehr, sehr lange Zeit für so kleine Kinder, es könnte der Eindruck entstehen, daß dieses Baby nie herauskommt.
- Ehrliche Erklärung, daß so ein Baby Zeit erfordert und stören kann.
- Das ältere Kind nicht ständig in die Rolle des »Großen« drängen.
- Akzeptieren, daß es auch mal Wut und Eifersucht empfindet, Appelle an die Vernunft und Selbständigkeit helfen jetzt wenig.
- Verständnis dafür haben, wenn das »Große« ein babyhaftes Verhalten an den Tag legt.
- Sich bewußt Zeit für das größere Kind nehmen. Schon 15 Minuten täglich, in denen Sie ihre *ungeteilte* Aufmerksamkeit dem größeren widmen, können Wunder wirken. Meckern und Schimpfen sind in dieser Zeit tabu!

- Das Erstgeborene in die Versorgung des Säuglings einbeziehen.
- Dem Ältesten etwas erlauben, das Spaß macht und das ein Baby noch nicht kann, z.B. Seifenblasen pusten, kneten etc.
- Wenn das zweite Kind zu krabbeln beginnt, stört es das große ständig. Mühsam gebaute Türme werden vom Krabbelkind umgeworfen, geliebte »Schätze« entdeckt und beschädigt, Gebasteltes zerstört. Das Älteste braucht jetzt eine Ecke für sich in der Wohnung, in der es Aufgebautes auch mal sicher stehen lassen und Dinge aufbewahren kann, die ihm wichtig sind.

DAS ZWEITE KIND

Das zweitgeborene Kind findet eine ganz andere Situation vor als das erstgeborene. Die Eltern haben bereits viele Erfahrungen gesammelt und sehen vieles gelassener. Jetzt dreht sich nicht mehr alles um den Neuankömmling, und von Anfang an ist ein anderes Kind da. Zweitgeborene Kinder orientieren sich deshalb nicht ausschließlich an den Eltern, sie sind unabhängiger von ihnen und ihrer Anerkennung. Sie entwickeln eine intensive Bindung an das ältere Kind, bewundern es, ahmen es nach und beginnen schließlich mit ihm zu wetteifern. Das zweite Kind ist immer damit konfrontiert, daß es in der Familie ein Kind gibt, das vieles schon besser kann. Wenn das älteste Kind sich häufig abwertend über das jüngere äußert, kann das sehr am Selbstwertgefühl des zweiten nagen, denn jüngere Geschwister wollen die Anerkennung der älteren. Wenn Eltern dann aus der Besorgnis heraus, dem Erstgeborenen durch die Geburt eines weiteren Kindes Kummer zuzufügen, übermäßig Rücksicht auf das älteste nehmen, es ständig hervorheben und sich abwertend über das kleinere, das vieles noch nicht kann, äußern, fällt es dem jüngeren Kind schwer, ein gutes Selbstbild zu entwickeln.

Die Zweiten profitieren aber auch von den Älteren, die ihnen Sicherheit und Schutz geben, selbst bei sehr geringem Altersunterschied. So entfernen sie sich z.B. weiter von der Mutter, wenn das ältere Kind anwesend ist, und erweitern so durch dessen Anwesenheit ihren Aktionsradius.

Die Bewunderung des größeren Kindes ist ein starker Motor für die Entwicklung des zweiten, denn zwischen zwei und drei Jahren wird aus der Bewunderung das Bestreben, genauso fähig zu sein oder besser, das gleiche zu haben und zu dürfen. Jetzt wird rivalisiert, und Machtdemonstrationen des Größeren werden nicht mehr einfach hingenommen, sondern bekämpft. Dabei setzen die Zweitgeborenen andere Mittel ein als die Ältesten. »Im Gegensatz zu dem relativ beherrschten Verhalten und den subtileren Methoden der älteren rivalisieren die jüngeren meist direkter und machen lautstark, streitlustig oder schmollend klar, was sie wollen. Und wie die schwächeren Mitglieder anderer sozialer Gruppen suchen auch sie den Beistand Außenstehender, hier der Eltern, sobald sie sich geschlagen fühlen. Sie beschweren sich bei ihnen, kommen weinend zu ihnen gelaufen und verlangen Hilfe. Manche provozieren die älteren Geschwister sogar zu lautstarken Auseinandersetzungen, damit die Eltern herbeieilen und ihre Kleinen beschützen.« (Francine Klagsbrun, Der Geschwisterkomplex, München 1997, S.84)

Es geht um Macht und Rivalität, und so bleiben viele zweitgeborene Kinder empfindlich gegenüber Kontrolle und Machtausübung und reagieren auf kleine Anzeichen davon mit Wut.

Praktische Hinweise

Siehe »jüngstes Kind« oder »mittleres Kind«.

DAS MITTLERE KIND

Viele Autoren sehen die Position des mittleren Kindes, vor allem bei drei Kindern, als schwierig an. Das älteste Kind bleibt ältestes, egal wieviele Geschwisterkinder folgen, seine Position ist eindeutig. Das jüngste Kind behält seine Stellung in der Geschwisterreihe ebenfalls. Mittlere Kinder sind weder Thronfolger noch Nesthäkchen, manchmal haben sie es deshalb schwer, die Aufmerksamkeit der Eltern zu bekommen. Dann besteht die Gefahr, daß mittlere Kinder sich entweder in sich selbst zurückziehen, mit Resignation oder Krankheit reagieren oder negative Verhaltensweisen wie Trotz, Frechsein, Faulheit und Leistungsverweigerung zeigen. Kindern ist es oft lieber, elterliche Aufmerksamkeit in Form von Schimpfen, Predigten, Vorwürfen und Streit zu erhalten, als gar keine oder nur wenig Beachtung zu bekommen. Wenn das älteste Kind viel Anerkennung dafür erlangt, daß es schon so vieles kann und das jüngste viel Zuwendung, weil es das niedliche kleine ist, dann mag sich für manch mittleres Kind die Frage stellen: »Und was ist das Besondere an mir?«
Wenn es dem Kind nicht gelingt, sich diese Frage positiv zu beantworten, gerät es manchmal in einen Teufelskreis negativen Verhaltens, den die Diplom-Psychologin Annette Kast-Zahn (Jedes Kind kann Regeln lernen, Ratingen 1997, S.48) folgendermaßen beschreibt

- Das Kind zeigt ein für die Eltern nicht akzeptables Verhalten.
- Die Eltern reagieren darauf mit Aufmerksamkeit: sie ermahnen, schimpfen, kritisieren oder erklären.

– Das Kind lernt: dieses Verhalten bringt mir die Aufmerksamkeit der Eltern ein.
– Das Kind wiederholt unerwünschtes Verhalten.
– Die Eltern sind jetzt oft ärgerlich auf das Kind. Sie sind froh, wenn sie einmal ihre Ruhe haben und geben dem Kind nur noch wenig spontane Zuwendung.
– Das Kind lernt: Aufmerksamkeit muß ich mir erkämpfen.
– Das Kind zeigt unerwünschtes Verhalten.

Aus einem solchen Kreislauf findet das Kind von sich aus nur schwer wieder heraus. Hier müssen die Erwachsenen den Kreislauf unterbrechen, indem sie ihre Aufmerksamkeit dem Kind wieder von sich aus geben und nicht hauptsächlich dann, wenn das Kind sie durch negatives Verhalten erzwingt.
Ein mittleres Kind braucht manchmal eine »Extrawurst« in Form von elterlicher Aufmerksamkeit. Schauen Sie genau hin, welche Interessen und Fähigkeiten dieses Kind zeigt, und unterstützen Sie es durch Ihre Anteilnahme.
Wenn das mittlere Kind ein anderes Geschlecht hat als seine Geschwister, ist das für das Kind meistens von Vorteil. Der Junge zwischen zwei Mädchen ist etwas Besonderes, dasselbe gilt für ein Mädchen zwischen zwei Brüdern. Dagegen haben es die mittleren Kinder in Familien, in denen es nur Mädchen oder nur Jungen gibt, am schwersten, sich ihren eigenen Platz zu erobern. Manche mittleren Kinder versuchen das durch gute Leistungen zu erreichen und konkurrieren sehr stark mit den Geschwistern. Andere suchen sich ganz neue Gebiete aus und betonen stärker ihre Unterschiede zu den Geschwistern.
Wenn aus dem zweiten Kind ein mittleres wird, dann muß es seine Position als jüngstes räumen und hat auch mit Eifersuchtsgefühlen zu kämpfen, wenn auch vielleicht nicht so stark wie das Erstgeborene bei seiner Ankunft, da es ja nie ohne Geschwister war.
Wenn es mittleren Kindern gelingt, ein gutes Selbstwertgefühl zu entwickeln, weil sie sich von ihren Eltern anerkannt und

geliebt fühlen, dann kann die mittlere Position auch Vorteile haben. Man kann sich mal zu den Großen, mal zu den Kleinen zählen, Druck des Erstgeborenen kann nach unten an die Jüngeren weitergegeben werden. Vielleicht hat man auch größere Freiheiten, weil Aufmerksamkeit und feste Erwartungen der Eltern nicht so ausgeprägt sind.

Praktische Hinweise für Eltern

- Eltern können Schwierigkeiten ihres mittleren Kindes gegensteuern, indem sie sich fragen, was für sie das Besondere an diesem Kind ist, und indem sie ihm das auch deutlich zeigen.
- Unterstützen Sie das mittlere Kind bewußt darin, seine Stärken herauszufinden und zu entwickeln.
- Schaffen Sie Situationen, in denen Sie mit dem mittleren allein sind, so daß Sie ihm Ihre ungeteilte Aufmerksamkeit schenken können, indem Sie z.B. etwas mit ihm unternehmen, was Ihnen beiden Spaß macht.

DAS JÜNGSTE KIND

Das jüngste Kind ist das einzige, dessen Stellung in der Geschwisterreihe sich nie verändert. Andererseits bleibt ihm die Erfahrung versagt, größer, fähiger oder stärker als seine Geschwister zu sein. Oft wird es als »das Kleine« verwöhnt oder bekommt Sonderrechte, was dann zu Neid bei den älteren führt. Es besteht die Gefahr, daß das jüngste Kind immer jemanden in der Familie findet, der ihm hilft, was seiner Selbständigkeit und Verantwortlichkeit abträglich wäre und dazu führen kann, daß es sich nicht lange für eine Sache anstrengt, sondern schnell aufgibt. Jüngsten Kindern wird nachgesagt, daß sie eher durch Einsatz ihres Charmes Ziele erreichen; oft werden sie auch als der »Sonnenschein« in der Familie bezeichnet.

Welche Erfahrungen ein Kind, das als letztes in eine Familie hereingeboren wird, macht, hängt von vielen verschiedenen Umständen ab: War es erwünscht oder letztendlich ein Kind zuviel? Wie ist der Altersabstand zu den Geschwistern, wie das Geschlecht der Geschwister? Welches Alter haben die Eltern und ist die ökonomische Situation der Familie so, daß auch das jüngste Kind noch Chancen auf eine gute Ausbildung hat? Die Reihe der Fragen ließe sich fortsetzten.

So fühlen viele Jüngste sich geliebt und bevorzugt von den Eltern, beschützt von den größeren Geschwistern. Andere beklagen sich darüber, daß sie nur die getragene Kleidung und das ausrangierte Spielzeug der größeren bekommen oder sie fühlen sich ständig ausgeschlossen und minderwertig, weil sie an deren Aktivitäten, Interessen und Gesprächen nicht teilnehmen dürfen oder können und entwickeln ein schlechtes Selbstkonzept. Dazwischen sind Erfahrungen in vielen verschiedenen Schattierungen möglich.

Praktische Hinweise für Eltern

- Eltern können bei ihrem jüngsten Kind bewußt darauf achten, daß sie es nicht immer in der Rolle des Kleinen sehen, verwöhnen und damit abhängig von anderen machen, sondern zu Selbständigkeit und Verantwortlichkeit erziehen.
- Sie können auch beobachten, ob das jüngste Kind von den Älteren ständig herabgesetzt oder abgewertet wird und sich ausgeschlossen fühlt. In diesem Fall wäre zu überlegen, ob starke Eifersuchtsgefühle der älteren Kinder dazu führen und welche Möglichkeiten es in der Familie gibt, die Rivalität abzubauen.
- Wenn jüngste Geschwister sich oft ausgeschlossen fühlen oder auf einem ganz anderen Entwicklungsstand als die Geschwi-

ster sind, ist der Kontakt zu Gleichaltrigen außerhalb der Familie besonders wichtig.

ZWILLINGE

Eineiige Zwillinge haben zu 100% dieselben Gene, zweieiige zu ca. 50%, wie andere Geschwister auch. Aber ob eineiig oder zweieiig, Zwillinge sind eine besondere Form von Geschwistern: Vom ersten Entwicklungsmoment an teilen sie sich die Mutter, später auch die übrige Umwelt; umgekehrt werden sie allzu oft von ihrer Umgebung als Einheit wahrgenommen. So verläuft die Entwicklung von Zwillingen zwischen den Polen Zusammengehörigkeit und Individuation. Genau hierin besteht auch das Kunststück für Eltern, vor allem von eineiigen Zwillingen. Zum einen gilt es, die besondere Verbundenheit der Kinder zu respektieren, zum anderen ist es wichtig, daß beide Kinder unabhängig voneinander lernen, ihre Entwicklungsaufgaben zu bewältigen. Gerade bei eineiigen Zwillingen gibt es manchmal »Spezialisierungen«: Einer fungiert z.B. als »Außenminister«, ist zuständig für die Kontakte zu anderen und die Konfliktregelung, der andere ist der »Innenminister« und regelt die Beziehung innerhalb der Familie. Oder ein Zwilling erweist sich ständig als dominant, ist stärker, durchsetzungsfähiger, entwickelt schneller neue Fähigkeiten, der andere orientiert sich stets an ihm, hat keine eigene Meinung, keine eigenen Kontakte, läßt sich unterbuttern. Für Zwillinge ist Einsamkeit ein Fremdwort, das hat Vorteile, aber auch den Nachteil, daß Zwillinge sich oft schwer damit tun, sich auch mal selbst genug zu sein. Außerdem vergleichen sich Zwillinge stärker als es Geschwister sonst tun, sie schauen sozusagen ständig in einen Spiegel und beeinflussen sich gegenseitig.
Damit Zwillinge sich zu eigenständigen Persönlichkeiten entwickeln, ist es wichtig, daß sie von ihren Eltern in ihrer Verschiedenheit wahrgenommen werden. Daraus kann sich dann

die Förderung der unterschiedlichen Interessen und Fähigkeiten entwickeln und so Lebensbereiche von dem einzelnen Zwilling eigenständig erlebt und genutzt werden. Wenn es gelingt, Zwillinge in ihrer Eigenständigkeit zu fördern, dann ist auf der anderen Seite ihre besondere Verbundenheit für sie selbst, aber auch für die Eltern eine Freude.

Praktische Hinweise für Eltern

- Zwillinge können unabhängig voneinander Freundschaften entwickeln, auf Kindergeburtstage gehen, bei einem Freund übernachten, verschiedene Hobbies ausüben.
- Wenn über einen längeren Zeitraum hinweg ein Zwilling immer der tonangebende ist, der andere ständig in der Rolle des Nachahmenden, dann ist es wichtig, die Kinder im Kindergarten und in der Schule in getrennten Gruppen unterzubringen.
- Innerhalb der Familie heißt Unterschiede wahrnehmen z.B., daß Aufforderungen nicht ständig an beide gerichtet werden, sondern die Eltern genau hinschauen und deutlich formulieren, was sie jetzt von wem erwarten. Dabei ist es hilfreich, wenn die Erwachsenen, das, was ihnen wichtig ist, mit dem Kind *einzeln* besprechen, um es nicht vor dem anderen bloßzustellen.
- Genauso wichtig ist es, die Kinder einzeln in dem wahrzunehmen, wofür Eltern sie anerkennen und loben können und dieses Lob auch an das jeweilige Kind gerichtet auszusprechen.
- Unterschiede wahrnehmen heißt auch, die Kinder zu ermutigen, einen eigenen Geschmack auszubilden, sich unterschiedliche Kleidung und Frisuren, Kindergartentaschen, Vesperdosen, Schulranzen und Spielsachen auszusuchen.
- Sicher ist es sinnvoll, daß Spielzeug, von dem man größere Mengen braucht, wie z.B. Baumaterialien, gemeinsamer Be-

sitz ist, aber es sollte auch wichtige Spielsachen geben, die dem einzelnen gehören.

ALTERSUNTERSCHIEDE

Den idealen Altersabstand zwischen Geschwistern gibt es nicht. Verschiedene Altersabstände haben verschiedene Vor- und Nachteile. Ein Unterschied von zwei Jahren oder weniger wird als gering bezeichnet, drei Jahre oder mehr werden als größerer Altersabstand betrachtet und unter einem großen Altersabstand versteht man mehr als sechs Jahre.
Bei einem geringen Altersabstand sind die Entwicklungsunterschiede nicht so groß. Deshalb haben die Kinder auch ähnliche Interessen und können beim Spielen mehr miteinander anfangen, wie sie sich überhaupt mehr miteinander beschäftigen. Daher entwickeln Geschwister mit einem geringen Altersabstand auch eine engere Bindung aneinander. Der Nachteil eines geringen Altersabstands ist der häufige Streit unter den Geschwistern, die oft wie Hund und Katze miteinander sind. In der frühen Kindheit gehen die Aggressionen dabei meist vom Erstgeborenen aus, dessen Eifersucht so zum Ausdruck kommt. Weil sie sich für dieselben Spielsachen interessieren und ähnliche Bedürfnisse haben, kommt es bei Geschwistern mit geringem Altersabstand oft zu Streit.
Bei einem größeren Altersabstand sind die Fähigkeiten und Interessen der Geschwister schon recht unterschiedlich. Deshalb beschäftigen sich die Kinder weniger miteinander, streiten aber auch nicht so viel um Spielsachen und empfinden nicht so viel unmittelbare Rivalität. Für die Eltern hat es den Vorteil, daß das erstgeborene Kind schon ein Stück Selbständigkeit erworben hat, z.B. nicht auch noch gewickelt werden muß und vielleicht schon einen Teil des Tages im Kindergarten verbringt. Der Altersabstand von drei Jahren kann ein guter Kompromiß sein. Die Kinder können noch in manchen Bereichen zu gemeinsa-

men Spielen finden, aber das Älteste ist schon recht selbständig.
Bei einem großen Altersabstand sind die Kinder kaum noch Spielkameraden füreinander, sie haben keine gemeinsamen Interessen mehr. Es kommt nur selten zu Streit, aber die Bindung ist oft auch viel weniger eng.
Bei der Familienplanung sind diese Vor- und Nachteile abzuwägen, aber nicht immer treffen sie so zu, und andere Überlegungen, wie z.B. die Planung der beruflichen Entwicklung der Eltern, sind genauso wichtig.

STIEFGESCHWISTER

ZWEI PARTEIEN KOMMEN NEU ZUSAMMEN

Aufgrund der steigenden Zahl der Scheidungen gibt es auch zunehmend mehr Stieffamilien. Unter Stiefgeschwistern versteht man Geschwister, die biologisch verschiedene Eltern haben, aber in einem gemeinsamen Haushalt mit einem biologischen und einem Stiefelternteil leben. Halbgeschwister haben einen gemeinsamen biologischen Elternteil.

Stieffamilien sind komplizierte Systeme. Schon die Begriffe »Stiefmutter«, »Stiefvater«, »Stieffamilie« signalisieren Schwierigkeiten. Die Vorsilbe »Stief« bedeutet: beraubt, verwaist; Kummer und Leid sind darin enthalten. Vor allem der Begriff der Stiefmutter ist negativ besetzt, was in vielen Märchen, wie z.B. Aschenputtel, in denen Stiefmütter äußerst grausam mit dem Stiefkind umgehen, zum Ausdruck kommt.

»Kernfamilien haben eine jahrhundertelange Tradition, an der sie sich orientieren können. Für Stieffamilien dagegen gibt es kaum Vorbilder und so gut wie keine positiven Traditionen, und die böse Stiefmutter aus den Märchen spukt weiterhin in den Köpfen vieler Kinder. Deshalb sind Stieffamilien darauf angewiesen, sich eigene Wege zu suchen.« (Francine Klagsbrun, Der Geschwisterkomplex, München 1997, S.166)

Das Leben in Stieffamilien ist alles andere als einfach. Wenn ein Elternteil mit seinen Kindern und der andere Elternteil mit seinen Kindern zusammenziehen, bilden sie eine zusammengesetzte Stieffamilie. Diese Stieffamilie ist nicht nach und nach gewachsen, sondern zwei Parteien mit ihren ganz verschiedenen Erfahrungen und Verhaltensweisen treffen aufeinander und stehen vor der Aufgabe, ein neues Ganzes zu bilden. Die Stiefgeschwister sind sich erst einmal ganz fremd. Außerdem haben sie noch die Auflösung und den Verlust ihrer Herkunftsfamilie zu bewältigen. In der Regel dauert es deshalb mindestens zwei Jahre, bis sich Stiefeltern und Stiefgeschwister angepaßt haben.

KONFLIKTE IN STIEFFAMILIEN

In Untersuchungen wurden Kernfamilien, Nachscheidungsfamilien, und Stieffamilien miteinander verglichen. Es zeigte sich, daß die Beziehungen der Geschwister in Stieffamilien am schwierigsten sind. Stiefgeschwister verhielten sich zueinander aggressiver, gefühlskälter, konkurrenzbetonter und vermieden mehr Kontakt. Diese schwierigen Beziehungen normalisieren sich aber oft nach der ersten Anpassungsphase von ca. zwei Jahren.

Aggressionen, Eifersucht und Konkurrenz unter den Stiefgeschwistern nehmen dann ab, nähern sich dem Ausmaß in Kernfamilien, die gegenseitige Akzeptanz wächst. Dieser Prozeß wird behindert, wenn Stiefgeschwister aufgrund der Sorgerechtsregelung nicht ständig zusammen leben.

Eine ungleiche Behandlung der Stiefgeschwister wirkt sich sehr negativ aus. Das sich benachteiligt fühlende Kind lehnt engere Kontakte zu den Stiefgeschwistern ab und verhält sich feindselig. Erstaunlicherweise zeigen auch bevorzugt behandelte Kinder aggressives und ablehnendes Verhalten gegenüber ihren Stiefgeschwistern. Stiefgeschwister haben einen besseren Kontakt zueinander, wenn die (Stief-)Eltern sie möglichst gleich behandeln.

Wenn es Stieffamilien gelingt, die Durststrecke der schwierigen ersten Jahre zu überstehen, können Stiefgeschwister tragfähige Beziehungen zueinander entwickeln. Die Situation verändert sich noch einmal und verlangt neue Anpassung, wenn ein gemeinsames Halbgeschwister hinzukommt. Geschieht dies, bevor die Stiefgeschwister sich über mindestens zwei Jahre aneinander gewöhnen konnten, stellt die Geburt eines Geschwisters eine erneute Krise dar. Stiefgeschwister brauchen erst einmal viel Zeit, um zu lernen, ihre Mutter oder ihren Vater mit den Stiefgeschwistern zu teilen. Die Rangordnung muß neu festgelegt werden, ein Kind, das bisher das älteste war, muß sich jetzt z.B. daran gewöhnen, daß es ein älteres Stiefgeschwister hat. Die Geburt eines Halbgeschwisters ist weniger belastend, wenn diese Phase bereits weitgehend abgeschlossen ist. Dann kann die Geburt eines gemeinsamen Halbgeschwisters sogar zu einem verstärkten Zusammengehörigkeitsgefühl führen, nach dem Motto »Jetzt sind wir eine richtige Familie, mit einem Elternpaar, das ein gemeinsames Kind hat.«

Neben der Gewöhnung an die neue Situation in der zusammengesetzten Stieffamilie müssen sowohl die Erwachsenen als auch die Kinder damit umgehen, daß die Kinder ja noch einen biologischen Elternteil außerhalb der Familie haben. Für die Kinder ist es wichtig, das sie zu beiden biologischen Eltern Kontakt haben. Besuche, Wochenendaufenthalte oder Urlaub beim anderen Elternteil sind wünschenswert, aber immer auch mit Trennungsschmerz und wieder Neu-eingewöhnen-müssen verbunden.

Hinzu kommt, daß Kinder oft lange ein Wunschbild ihrer heilen Ursprungsfamilie in sich tragen. »Wenn die Kinder sich zwischen den beiden Haushalten bewegen (in denen Mutter und Vater getrennt leben), werden Verbindungen geschaffen, welche die alte familiäre Vertrautheit aufleben lassen: Auf einmal erscheint das T-Shirt des Vaters im mütterlichen System und das Kochbuch der Mutter im väterlichen System – die Kinder blenden die Differenzen der beiden Systeme aus und machen sie zu einem Haushalt (was dort fehlt, existiert im anderen, und umgekehrt).« (Gerhard Bliersbach, Schwierige Verhältnisse, in: Psychologie Heute, Januar 1999, S.39) Auf diese Weise versuchen die Kinder die ehemalige Wirklichkeit ihrer Kernfamilie aufrechtzuerhalten, holen den abwesenden Elternteil in die Stieffamilie und versuchen den Stiefelternteil auszublenden, indem sie sich auf die Vergangenheit beziehen.

All das sind große Belastungen für alle Beteiligten, deren Bewältigung eine enorme Leistung darstellt. Für die Kinder ist es wichtig zu spüren, daß sie von allen beteiligten Erwachsenen die Erlaubnis haben, sich sowohl in der neuen Familie als auch beim anderen Elternteil wohlzufühlen, damit sie nicht in Loyalitätskonflikte geraten.

STIEFGESCHWISTER SIND KEINE GESCHWISTER

Der Begriff »Stiefgeschwister« ist problematisch, denn es kann nicht das Ziel sein, die eigenen Kinder und die des neuen Partners zu Geschwistern zu machen, und oft ist auch das Ziel, daß sie Freunde werden sollten, zu hoch gesteckt. Es ist ausreichend, wenn es ihnen gelingt, in der neuen Familie miteinander zu leben und sich dabei zu akzeptieren, anstatt sich zu bekämpfen.
Wenn Stiefgeschwister streiten, dann ist das für die Eltern oft bedrohlicher als Streit unter leiblichen Geschwistern in der Kernfamilie. Auch da sind Eltern oft ratlos oder genervt angesichts des Dauerstreits ihrer Kinder, aber in Stieffamilien kommt schnell die Angst dazu, daß ein Kind erklärt: »Mir reicht's, ich ziehe jetzt zu meinem anderen Elternteil!«
Stieffamilien haben andauernd damit zu kämpfen, daß ihre Grenzen nicht klar sind bzw. sich ständig verändern. Es muß geklärt werden, wer dazugehört und wer nicht, wer neu dazukommt und wer geht, und die Familienmitglieder müssen sich darauf einstellen.
Wenn Stiefgeschwister es schaffen, trotz dieser Belastungen gute Beziehungen aufzubauen, profitieren sie auch von der Vielfalt und erwerben Fähigkeiten im zwischenmenschlichen Bereich, die ihnen zugute kommen.

Praktische Hinweise für Eltern

- Setzen Sie sich nicht unter Druck zu beweisen, daß Sie eine »gute« Stieffamilie sind. Rechnen Sie mit mindestens zwei Jahren Eingewöhnungszeit für die Stiefgeschwister, in denen es viel Aggressionen, Kampf und Ablehnung gibt. Vergleichen Sie sich nicht mit Kernfamilien.
- Versuchen Sie nicht, aus der zweiten Familie eine Kopie der ersten zu machen.
- Erwarten Sie nicht, daß Stiefgeschwister irgendwann eine Beziehung wie biologische Geschwister haben. Lassen Sie sich und den Kindern Zeit, um herauszufinden, wieviel Nähe und Gemeinsamkeit in Ihrer Stieffamilie möglich ist.
- Die Kinder haben noch mit den Trennungsschmerzen nach der Scheidung zu kämpfen und versuchen die Beziehungen der Erstfamilie zu bewahren. Zeigen Sie dem Kind immer wieder, daß Sie einverstanden sind mit seiner Liebe zu dem anderen leiblichen Elternteil, daß die Partnerschaft für Sie aber beendet ist.
- Auch wenn Stiefkinder ihre Stiefmutter oder ihren Stiefvater mögen, reagieren sie oft mit Ablehnung, weil sie befürchten, daß der biologische Elternteil verdrängt werden soll. Sie wollen keine neue Mutter oder einen neuen Vater. Respektieren Sie, daß Sie für ein Stiefkind eine andere Rolle haben, und streben Sie nicht als Fernziel die Mutter- oder Vaterrolle an.
- Sorgen Sie dafür, daß in der Stieffamilie die Beziehung zu dem neuen Partner genügend Raum bekommt. Nehmen Sie sich bewußt Zeit für den Aufbau und die Pflege der neuen Beziehung. Die Gefahr ist groß, daß durch die Belastungen, die die sofortige Anwesenheit von Kindern mit sich bringt, die Partnerschaft in den Hintergrund gerät.
- In Stieffamilien muß viel miteinander gesprochen, ausprobiert und ausgehandelt werden.

ICH KANN DAS VIEL BESSER!

WARUM RIVALITÄT UNVERMEIDBAR IST

Voneinander verschieden zu sein heißt auch, eine klare Grenze ziehen zu können: So bin ich – und so bist Du, und weil Du so ganz anders bist als ich, brauchen wir uns nicht in die Quere zu kommen. Wenn Geschwister sich stark voneinander unterscheiden, dann hilft ihnen das, ihre Konkurrenz unter Kontrolle zu halten. Das ist ein weiterer Grund dafür, warum Erst- und Zweitgeborene, vor allem wenn sie dasselbe Geschlecht haben und im Alter nah beieinander sind, häufig besonders unterschiedlich sind. Menschen bilden ihre Identität unter anderem dadurch aus, daß sie sich mit anderen vergleichen. Wenn dabei herauskommt, daß der andere stärker, klüger und beliebter ist, dann ist das ein schmerzhafter Prozeß. Die Verletzungen lassen sich erheblich begrenzen, wenn man sich selbst und anderen zeigt, daß man ganz anders ist als dieser starke, kluge und beliebte Mensch. So empfinden auch Geschwister weniger Eifersucht und Rivalität, wenn sie sich in ganz verschiedenen Bereichen entfalten oder sich gar als Gegensätze betrachten. Der Junge, der im Fußballverein erfolgreich ist, kann dann die Begabung seiner Schwester für das Klavierspiel großmütig anerkennen, leichteren Herzens jedenfalls, als wenn er selbst versucht, ein guter Klavierspieler zu werden. So kann jeder sich auf verschiedenen Gebieten entwickeln. Auch dadurch entsteht noch Konkurrenz, aber die Vergleiche sind nicht so konfliktträchtig oder bedrohlich, wie wenn die Rivalität auf demselben Gebiet ausgetragen wird.

Warum soviel Rivalität? Es geht um die Anerkennung, Aufmerksamkeit und Liebe der Eltern. Die gängige psychologische Ansicht ist, daß der *direkte* Umgang der Eltern mit dem Kind seine Entwicklung beeinflußt. Es scheint aber auch so, daß der *beobachtete* Umgang der Eltern mit

dem Geschwister eine große Bedeutung für die Entwicklung der Persönlichkeit hat. Ein vierjähriges Kind, das von seinen Eltern viel Zuneigung erfährt, das aber oft eifersüchtig ist und beobachtet, wie zärtlich die Eltern mit dem anderthalbjährigen Geschwister umgehen, stellt die Zuwendung, die das jüngere Geschwister bekommt, eventuell so stark in den Vordergrund, daß es sich selbst als benachteiligt erlebt. Diese subjektive Wahrnehmung kann dazu führen, daß die liebevolle Zuwendung der Eltern nicht mehr zu Zufriedenheit führt, sondern ständig verglichen wird: Wieviel und was bekommt der andere? »Die Beobachtung der offensichtlichen Zuneigung der Mutter für das Geschwister kann alle Zuneigung bedeutungslos werden lassen, die man selbst erfahren hat.« (Judy Dunn, Robert Plomin, Warum Geschwister so verschieden sind, Stuttgart 1996, S.101)
Im Grunde möchte jedes Kind das Lieblingskind seiner Eltern sein. Rivalität unter Geschwistern ist unvermeidbar, wird aber durch die Entwicklung unterschiedlicher Interessen, Fähigkeiten und Eigenschaften eingedämmt.

ENGELCHEN UND TEUFELCHEN

In Familien werden Rollen übernommen. Die Möglichkeiten sind schier endlos: Der Tüchtige, der Ängstliche, die Kluge, der Clown, die Ernsthafte, die Träumerin, der Chaot, die Verantwortliche usw. Dabei scheint es in Familien eine Art Gesetz zu sein, daß eine Rolle nur einmal besetzt werden kann. Hat ein Familienmitglied eine Rolle bereits übernommen, müssen die anderen sich eine andere suchen. Natürlich kann ein Familienmitglied mehrere Rollen übernehmen. Kinder wählen sich ihre Rollen aufgrund ihres Temperaments, ihrer Begabungen und Zuschreibungen, die sie von den Eltern bekommen, und den Bedürfnissen der Familie. Dieses in der Kindheit eingeübte Rollenverhalten behalten Menschen meist weit bis in das Erwachsenenalter hinein, es wird zum Bestandteil ihrer Identität. Wenn, aus welchen Gründen auch immer, ein Kind eine Rolle aufgibt, dann kann es geschehen, daß ein Geschwisterkind diese Rolle übernimmt, sofern sie wichtig für das Bestehen der Familie ist.

Problematisch wird es für Kinder, wenn die Eltern das Kind auf eine bestimmte Rolle festlegen. Dann stülpt ein Elternteil, oder auch beide, dem Kind feste Zuschreibungen über, die es mit der Zeit annimmt und die ihm wenig Spielraum für andere Gefühle und Verhaltensweisen lassen. Ein Kind wird dann aus der Geschwistergruppe herausgehoben und bekommt besonders viel positive oder negative Aufmerksamkeit. Bei positiver Aufmerksamkeit handelt es sich um Favoriten, bei negativer um Sündenböcke.

Favoriten werden oft Kinder, deren Temperament sehr gut zu den Eltern oder einem Elternteil paßt, so daß es den Eltern leichtfällt, mit Einfühlungsvermögen und Verständnis auf dieses Kind zu reagieren. Häufig sehen Eltern bei diesen Kindern ihre Erwartungen verwirklicht. Es kann aber auch umgekehrt laufen, wenn zurückhaltende, sich stark kontrollierende Eltern – z.B. bei ihrem wilden kleinen Sohn – ihre eigenen Bedürfnisse nach Spontaneität und Freiheit ausgelebt sehen. Die Rolle des eindeutig bevorzugten Kindes bringt für den oder die Bevorzugte auf die Dauer viele Nachteile mit sich. Wer als besonders mutig gilt, darf keine Angst haben, das Wunderkind darf nicht auch mal scheitern, die Fleißige nicht faulenzen. Kurzum, auch eine klare Bevorzugung durch die Eltern schränkt die Persönlichkeit ein. Hinzu kommt, daß deutlich bevorzugte Kinder oft Anpassungsschwierigkeiten haben, weil sie ein starkes Anspruchsdenken entwikkelt haben.

Ein weiterer gravierender Nachteil ist die Rache der benachteiligten Kinder. Kain rächte sich für die Bevorzugung Abels durch Gott und erschlug ihn, Joseph wurde von seinen Brüdern in die Sklaverei verkauft, weil der Vater ihn vorgezogen

hatte. Mag die Rache normalerweise auch nicht so drastisch ausfallen, eine schlechte Beziehung der Geschwister untereinander ist eine mögliche Folge von Bevorzugung.
An Sündenböcken lassen die übrigen Familienmitglieder ihre Aggressionen aus, oder Kinder, die zu Sündenböcken werden, leben die negativen Seiten der Eltern. Sündenböcke eignen sich prima, um die eigentlichen Konflikte (z.B. Ehekonflikte) verdeckt zu lassen, stattdessen beschäftigt man sich mit dem Sorgenkind. Wird ein Kind von den Eltern auf eine negative Rolle festgelegt, dann bekommt es auch die Aggressionen der Geschwister zu spüren, die sich dem negativen Urteil der Eltern anschließen, oft genug weil sie froh sind, daß ein anderer in die Schußlinie geraten ist. Die Sündenbockrolle stellt eine ernsthafte Gefährdung für die Entwicklung von Kindern dar, besonders wenn sie in dem Szenarium »Engelchen und Teufelchen« übernommen wird.

WANN SIND ELTERN GERECHT?

Es ist normal, daß Eltern ihren Kindern unterschiedliche Gefühle entgegenbringen, daß sie sich unterschiedlich gut in sie einfühlen können, sich unterschiedlich an ihnen erfreuen und ihnen ein unterschiedliches Maß an Aufmerksamkeit schenken. Wichtig ist aber, daß dieses ungleiche Maß an Zuwendung nicht etwas Starres ist, sondern mal dem einen Kind und dann wieder einem anderen zukommt. Es kommt darauf an, daß die Unzufriedenheit mit den schlechten Schulleistungen des Achtjährigen nicht in dem Etikett »der Faule« festgeschrieben wird oder die Fortschritte des Bruders beim Geigenspielen unter der Rubrik »unser Wunderkind« verbucht werden.

Praktische Hinweise für Eltern

- Wenn Sie Ihre Kinder miteinander vergleichen, bedenken Sie, daß Geschwister das Bestreben haben, sich voneinander zu unterscheiden.
- Wenn Sie den Vergleich bewerten, wird das zumindest einem der Kinder weh tun.
  Machen Sie nicht eines der Kinder zum Vorbild für das andere.
- Deuten Sie Verhaltensweisen der Kinder, über die Sie sich freuen oder ärgern, nicht als unveränderliche Charaktereigenschaften.
- Kinder mit besonderen Begabungen können leicht zum Favoriten werden.
- Wenn Sie feststellen, daß eines ihrer Kinder sich ständig negativ verhält oder Ihnen negativ auffällt, hat es vielleicht die Sündenbockrolle übernommen und braucht Ihre Hilfe.
- Gerecht sein bedeutet, Unterschiede hinsichtlich Alter und Persönlichkeit des Kindes zu machen.

MÜSST IHR DENN SCHON WIEDER STREITEN?

Ja! Geschwisterstreit muß sein.

WARUM GESCHWISTER STREITEN

Familienmitglieder, insbesondere Geschwister, haben verschiedene Bedürfnisse, Interessen und Gefühle, die aufeinander prallen, und schon ist der Konflikt da. Hinzu kommen Dauerthemen wie Eifersucht und Rivalität, die zu Aggressionen führen.

Das Zusammenleben mit anderen beinhaltet immer auch Auseinandersetzungen. Es gilt die eigenen Bedürfnisse deutlich zu machen und zu verteidigen, und das Kind will Ziele, die es sich gesetzt hat, verfolgen. Oft genug kommt ihm dabei ein Geschwisterkind in die Quere:

Wer darf mit dem neuen Hüpfball spielen?
Wer bekommt den letzten Pudding?
Wer ist an der Reihe, den Mülleimer zu leeren?
Für wen hat Mama mehr Zeit?
Mit wem spielt Papa öfter?

Immer wieder geht es darum, die eigenen Bedürfnisse deutlich zu machen und das eigene Territorium zu verteidigen. Wer Geschwistern dabei zuschaut, fühlt sich manchmal an Stellungskriege erinnert. Da werden tiefe Gräben gezogen und jeder Zentimeter gewonnenes Gebiet erbittert verteidigt, oft sind taktisch ausgefeilte Angriffs- und Verteidigungsmanöver zu beobachten, auch Bündnispartner werden gerne gesucht, und man kennt das Waffenarsenal des Gegners sehr genau.

BEIM STREITEN GIBT ES VIEL ZU LERNEN

Neben der Durchsetzung der eigenen Interessen lernt das Kind im Streit mit den Geschwistern auch, die Bedürfnisse des anderen wahrzunehmen und seine Grenzen zu respektieren. Es lernt mit der Zeit, daß es noch etwas gibt zwischen »Ich setze mich durch« und »Du setzt Dich durch«, nämlich die Suche nach Kompromissen und das Aushandeln von Regeln.

In der Auseinandersetzung mit Geschwistern erlangt das Kind wichtige Fähigkeiten: Bedürfnisse und Gefühle äußern, Durchsetzungsvermögen entwickeln, die Bedürfnisse und Gefühle anderer Menschen respektieren und nach Konfliktlösungen suchen. Diese Fähigkeiten braucht es im Spiel mit anderen Kindern, im Kindergarten und in der Schule.

So lautstark und aggressiv der Streit auch oft ist, er festigt die Beziehung der Geschwister. Streiten verbindet, trägt also durchaus zu einer engen Bindung der Geschwister bei. Tucholsky drückt das so aus: Wilde Indianer sind entweder auf Kriegspfad oder rauchen Friedenspfeife – Geschwister können gleichzeitig beides! Eltern sind von Geschwisterstreit oft genervt; sie können es nicht fassen, um welche Nichtigkeiten da gestritten wird und mit welcher Vehemenz die Auseinandersetzungen geführt werden.

Gerade bei Kleinkindern und Kindern im Vorschulalter werden die Streitigkeiten schnell handgreiflich, obwohl die Eltern immer wieder darauf hinweisen, daß der Streit ohne körperliche Auseinandersetzung geführt werden soll. Da wird getreten und geschubst, gekratzt und gebissen, an den Haaren gezogen und geschlagen, begleitet von ohrenbetäubendem Geschrei. Aber Streiten will eben gelernt sein, und das ist ein mühsamer und langwieriger Prozeß. Richtig streiten können ist so schwierig wie Schreiben und Lesen lernen und braucht seine Zeit.

WIEVIEL STREIT IST NORMAL?

Geschwisterstreit ist unvermeidlich – Dauerstreit nicht.
Auch wenn Streiten zum Alltag einer Geschwisterbeziehung gehört und es dabei viel Nützliches zu lernen gibt, kostet es Kraft und kann belastend sein, vor allem für die Eltern. Wenn Geschwister den lieben langen Tag streiten, wird die Belastung für die Familie zu groß. Vor lauter Streit bleibt dann für Erwachsene und Kinder zu wenig Energie für positive oder entspannende Tätigkeiten; alle leiden darunter.
Wenn Geschwister von morgens bis abends aneinandergeraten, stimmt etwas nicht. Häufige Gründe dafür sind:

- Die Eltern selbst haben einen Dauerkonflikt, es gibt starke Spannungen zwischen den Eltern. Kinder spüren die Aggressivität zwischen den Eltern und reagieren darauf selbst mit Aggressionen. Manchmal führen sie den Streit stellvertretend für die Eltern. In dieser Situation kann eine positive Veränderung nur erfolgen, wenn die Erwachsenen ihren Konflikt lösen.
- Eifersucht und Rivalität unter den Geschwistern sind im Übermaß vorhanden. Es wird ständig gestritten, weil ein Kind sich benachteiligt oder ungeliebt fühlt. Es ist sozusagen dabei, mit der Feinwaage jedes Gramm Zuwendung, das ein Geschwisterkind bekommt, abzumessen und zu prüfen, wie es selbst dabei abschneidet. Auch hier nutzt es wenig, mit »Erziehungsmaßnahmen« an den Streitereien anzusetzen, sondern das sich benachteiligt fühlende Kind braucht andere, positive Erfahrungen mit seiner Rolle in der Familie.
- Die Kinder haben die Erfahrung gemacht, daß die Eltern sich in fast jeden Streit einmischen: Vorschläge machen, wie der Konflikt gelöst werden kann, oder anordnen oder trösten oder schimpfen. Auf jeden Fall haben die Kinder festgestellt, daß es nicht ihre Sache ist, den Konflikt zu lösen, sondern daß die Eltern die Verantwortung übernehmen. Ein pri-

ma Mittel, jederzeit Aufmerksamkeit von den Eltern einzufordern!

Dauerstreit unter Geschwistern ist häufig eine Folge elterlicher Einmischung. Wenn die Kinder feststellen, daß durch lautstarkes Streiten Mutter oder Vater wie auf Knopfdruck zur Stelle sind, ist das eine enorme Verstärkung für den Geschwisterstreit. Die Vorteile liegen auf der Hand: Die Streithähne müssen sich nicht selbst abmühen, um eine Lösung für ihren Konflikt zu finden, und man hat die elterliche Aufmerksamkeit zur Verfügung, wenn man selbst es möchte, nicht erst dann, wenn die Eltern sich dafür entscheiden, Zeit für ihre Kinder zu haben.
Fast täglich gibt es bestimmte Situationen, in denen sich Streit nur schwer vermeiden läßt. In Familien mit kleinen Kindern sind es bestimmte Tageszeiten, zu denen man mit Streitereien der Kinder rechnen kann. Dazu gehört der Zeitpunkt, wenn eines der Kinder oder beide müde oder gar übermüdet sind. Streit ist dann so gut wie vorprogrammiert, wenn man die Kinder sich selbst überläßt.
Ein ebenfalls ungünstiger Zeitpunkt kann die Mittagszeit sein, wenn die Kinder hungrig aus dem Kindergarten oder der Schule kommen. Wenn sie dort viel einstecken mußten oder gar nicht zum Zug kamen, kommen sie schon »geladen« oder enttäuscht zu Hause an. Geschwister eignen sich dann gut, um Aggressionen loszuwerden. Oder die Empfindlichkeit ist sehr gesteigert, und eine Neckerei von einem Geschwisterkind, die das Kind sonst problemlos wegsteckt, bringt das Faß zum Überlaufen.
Ein weiterer ungünstiger Moment sind Situationen, in denen die Kinder sich langweilen. Auf längeren Autofahrten, an Wochenenden, wenn man nicht nach draußen kann, weil es regnet, oder im Restaurant wird jüngeren Kindern die Zeit schnell lang. Gerade kleine Kinder haben ein ganz anderes Zeitempfinden als Erwachsene. Situationen, in denen sie sich langweilen, und seien es nur zehn Minuten, werden als unerträglich lang erlebt, während Zeiten, in denen sie sich sehr wohl fühlen,

rasend schnell vergehen. Alle Eltern kennen die drängenden Fragen: »Wann sind wir endlich da?« (nach zehn Minuten Autofahrt), »Wann gehen wir endlich?« (nachdem man gerade mal 15 Minuten zu Besuch ist). Wenn den Kindern dann gar nichts mehr einfällt, entdecken sie oft die Möglichkeit zu streiten. Streiten ist oft auch eine Art Spiel, eine Variante des Sich-miteinander-Beschäftigens.

Diese »Krisenzeiten« gehören zum Alltag einer Familie. Eltern können bestenfalls vorbeugen oder kanalisieren, ganz vermeiden läßt es sich nicht, daß Geschwister in solchen Situationen zu streiten anfangen. Gegen Langeweile an Regentagen, Wochenenden oder in den Ferien, verbunden mit schlechter Laune und ständigem Streit der Geschwister, können Freunde der Kinder Wunder wirken. Eltern mit Kindern im Kleinkind- und Vorschulalter müssen diese Kontakte, zumindest in den Großstädten, heute leider meist organisieren, aber der Aufwand lohnt sich. Manchmal ist es bedeutend weniger anstrengend, statt zwei streitender Kinder vier Kinder in der Wohnung zu haben, die zusammen spielen oder sich jeweils zu zweit zusammen beschäftigen. Kontakte zu anderen Familien mit Kindern in ähnlichem Alter ermöglichen es auch, daß die Kinder »ausgetauscht« werden können, die älteren spielen in der einen Wohnung, die jüngeren in der anderen.

Ein weiterer Grund für Streit sind Koalitionen unter den Geschwistern. Gerade bei drei Geschwistern kommt es häufig vor, daß zwei sich zu einem gemeinsamen Spiel zusammentun und das dritte Kind ausschließen. Das ausgeschlossene Kind rächt sich in aller Regel durch Störaktionen oder protestiert schreiend gegen die Ausgrenzung. Es hat wenig Sinn, die Geschwister dazu zu verdonnern, das dritte Kind mitspielen zu lassen, weiterer Streit würde die Folge sein. Besser ist es, mit dem dritten nach einer Alternative zu suchen: Ein Spielkamerad wird »organisiert«, der Erwachsene nimmt sich Zeit und beschäftigt sich mit dem Kind, das Kind darf sich mit etwas Besonderem befassen etc.

Praktische Hinweise für Eltern

- Ihr Wunschbild einer glücklichen Familie beinhaltet wahrscheinlich Geschwister, die gute Freunde füreinander sind und liebevoll miteinander umgehen. Geschwister müssen aber streiten dürfen, Streit unter Geschwistern gehört zum Alltag einer Familie.
- Streit hat auch etwas Positives: Die Kinder lernen sich durchzusetzen, aber auch zurückzustecken, Kompromisse zu finden und Regeln auszuhandeln.
- Versuchen Sie die Ursache für Dauerstreit herauszufinden: Gibt es andauernde Spannungen zwischen den Eltern? Ist ein Kind ständig eifersüchtig? Lassen Sie sich oft in den Streit der Kinder hineinziehen?
- Beugen Sie während ungünstiger Tageszeiten vor: Führen Sie Rituale ein, legen Sie klare Regeln fest und trennen Sie müde Kinder voneinander. Zu diesen Zeiten schaffen es gerade kleinere Kinder oft nicht, alleine aus dem Streit herauszufinden.
- Kalkulieren Sie bei Langeweile das ganz andere Zeitempfinden kleinerer Kinder und die geringe Fähigkeit, mit Unlustgefühlen umzugehen, ein. Wenn Sie voraussehen können, daß die Situation für die Kinder langweilig sein wird, kann besonderes Spielzeug, das sonst nicht griffbereit ist, ein hilfreicher »Joker« sein. Dann aber ausreichend von einer Sorte oder für jeden dasselbe, sonst ist der Streit wieder vorprogrammiert!
- Wenn Koalitionen geschlossen werden, suchen Sie mit dem ausgeschlossen Kind nach Alternativen zu den Geschwistern.

MAMI, SIE HAT MICH GESCHLAGEN!

KRATZEN, BEISSEN, HAUEN – MUSS DAS SEIN?

Kleine Kinder sind noch nicht in der Lage, ihre Gefühle zu kontrollieren; sie drücken sofort aus, was sie empfinden. Bei Ärger oder Wut wird schnell gebissen, gekratzt, geschubst und geschlagen.

Ob auf dem Spielplatz, im Kindergarten, auf dem Schulweg oder in der Pause, es kommt unter Kindern bis ins Schulalter hinein zu »Kloppereien«. Ein Kind, das nicht gelernt hat, sich gegen Angriffe auch körperlich zu wehren, hat es schwer unter Kindern. Gerade Jungen legen auch noch im Schulalter ihre Gruppenstruktur dadurch fest, daß sie ihre Kräfte messen. Außerdem ist der Körperkontakt ein wichtiger Aspekt bei diesen Auseinandersetzungen. Wenn ein Kind keinerlei Erfahrungen mit körperlichen Auseinandersetzungen unter Kindern hat oder es ein striktes Verbot der Eltern gibt, sich durch den Einsatz von Körperkraft zur Wehr zu setzen, kann es leicht zum Außenseiter werden oder in eine Opferrolle geraten.

Selbstverständlich ist es für Eltern, Erzieher und Lehrer ein Ziel, daß Kinder lernen, ihren Streit gänzlich ohne den Einsatz von Körperkraft auszutragen. Aber das ist eben ein langer Lernprozeß. Ein Vorschulkind hat gelernt, seine Gefühle mit Worten auszudrücken, es grenzt sich auch schon mit Worten ab, aber wenn das beim zweiten oder dritten Mal keine Wirkung zeigt, dann kommt es meist noch zu Handgreiflichkeiten. Auch wenn es langfristig gesehen notwendig ist, daß Kinder lernen, selbst heftige Streitereien ohne Körperkraft auszutragen, sollten wir Erwachsenen akzeptieren, daß ein Kind auch in der Lage sein muß, sich körperlich zu wehren, weil es in seinem Lebensraum unter Kindern ohne diese Fähigkeit leicht hilflos werden kann. Wenn es einem Kind, von dem es geschubst oder gehauen wird, gesagt hat: »Laß mich in Ruhe, hör auf damit!«, wenn es versucht hat, sich zu entziehen, aber trotzdem setzt das Kind seine Attacke fort, dann muß es dem angegriffenen Kind erlaubt sein, zurück zu schubsen oder zu hauen. Es gibt eben unter Kindern Situationen, in denen es nicht genügt, sich mit Worten zu wehren.

BEI STREIT EINGREIFEN – JA ODER NEIN?

Die häufigste Frage, die sich Eltern beim Streit ihrer Kinder stellen, ist: Sollen wir eingreifen oder die Kinder ihren Streit alleine austragen lassen? Die Antwort muß eine ganze Reihe von Faktoren berücksichtigen:

Die jeweilige *»Tagesform« des Erwachsenen* erlaubt oder verhindert ein Aushalten des Streits. Es gehören schon gute Nerven und eine ganze Portion Gelassenheit dazu, Geschrei, Schimpfwörter oder schrille Hilferufe auszuhalten, ohne einzuschreiten. Sinnvoll ist es allerdings, möglichst gleichbleibend zu reagieren, damit die Kinder sicher wissen, woran sie sind, und nicht immer wieder neu ausprobieren müssen, ob es sich heute vielleicht lohnt, einen Streit vom Zaun zu brechen.

Die Wohnverhältnisse erlauben oder erschweren es, die Kinder streiten zu lassen. In einem Einfamilienhaus fällt es Eltern oft leichter, einen lautstarken Streit ihrer Kinder ohne Einmischung mitzuerleben, in einer Mietwohnung mit empfindlichen Nachbarn kann das schon schwieriger sein. Auf jeden Fall sollten Sie versuchen, mit Ihren Nachbarn über das Kindergeschrei, das manchmal aus ihrer Wohnung dringt, zu sprechen und für Verständnis zu werben, denn die Angst vor den Nachbarn läßt Sie sonst leicht erpreßbar durch das Geschrei Ihrer Kinder werden. Wenn die Kinder eine Zeitlang die Erfahrung gemacht haben, daß Sie sich aus ihrem Streit

konsequent heraushalten, werden die Streitereien wahrscheinlich deutlich seltener werden.
Das *Alter der Kinder* spielt eine Rolle. Der häufigste Streitanlaß bei kleinen Kindern ist Spielzeug. Kleinkinder müssen erst einmal lernen, zwischen »mein« und »dein« zu unterscheiden. Bis zum Alter von ca. zwei Jahren ist alles, was dem Kind gefällt, noch »meins«. Erst ab zwei Jahren lernt es nach und nach den Besitz des anderen zu respektieren. In diesem Alter müssen Eltern noch eingreifen und dem Kind Regeln vermitteln.
Viele Eltern haben Angst, daß die Kinder sich gefährlich verletzen und schreiten deshalb ein. Es macht auch wenig Sinn, so kleine Kinder sich selbst zu überlassen, wenn der Streit eskaliert, denn sie müssen erst einmal von den Eltern Regeln für das Streiten vermittelt bekommen. Ein Dreijähriger weiß in seiner Wut nicht mehr, wie gefährlich es ist, die kleine Schwester gegen die Kante des Glastischs zu schubsen, die Zweijährige schätzt die Folgen nicht ein, wenn sie dem Bruder mit aller Kraft in die Backe beißt. Hier kommt es darauf an, ruhig die Regel auszusprechen oder Konsequenzen zu ziehen, ohne daß ein großes »Theater«, verbunden mit viel Aufmerksamkeit, erfolgt. Denn bereits Krabbelkinder durchschauen, daß durch Streit mit den Geschwistern und Geschrei, elterliche Aufmerksamkeit sehr schnell zu erreichen ist. Schon kleine Kinder können ohne weiteres lernen, durchdringende Schreie auszustoßen, die weniger Ausdruck von Schmerz als ein Mittel sind, die Eltern herbeizuholen.
Was heißt es, ruhig und ohne großes »Theater« zu handeln? Wenn Erwachsene befürchten, daß der Streit unter ihren kleinen Kindern wirklich gefährlich wird und sie eingreifen müssen, sollten sie darauf achten, das mit einem Minimum an Aufwand zu tun. Es genügt, die Regel *einmal* auszusprechen, anstatt eine Predigt zu halten, die jetzt sowieso nicht gehört wird. Man kann den, der auf den anderen losgeht, *schweigend* und nicht schimpfend aus dem Zimmer bringen, das

Spielzeug, um das so gefährlich gestritten wird, an sich nehmen und das Zimmer wieder verlassen. Wenn Sie meinen, dazwischengehen zu müssen, um das Schlimmste zu verhindern, dann so kurz wie möglich, *auf keinen Fall, um die Schuldfrage zu klären*. Wenn die Streithähne weiter so gefährlich aufeinander losgehen, bleibt nichts anderes übrig, als sie zu trennen, ohne einem von ihnen weiter Beachtung zu schenken. Also *Handeln statt Schimpfen*!
Etwas größere Kinder dagegen, die sich »kloppen«, tragen eben blaue Flecken oder eine Wunde davon, was ja auch wieder heilt. Das ist kein Grund, einzuschreiten oder einen »Schuldigen« auszumachen. Sonst werden Eltern immer gezwungen sein, bei Streit der Kinder vermitteln zu müssen. Den meisten Eltern fällt es ausgesprochen schwer, sich aus dem Streit der Kinder herauszuhalten. Wenn die Fetzen fliegen, wenn eines der Kinder angerannt kommt und sich heulend über das andere beschwert oder einen Kratzer vorweist, fühlen sich Eltern meist dafür verantwortlich, ihren Kindern Vorschläge zu machen, wie die Situation zu regeln ist, oder durch Anordnungen zu zeigen, was jetzt richtig ist. Dummerweise lernen Kinder aber dadurch nicht, anders oder weniger zu streiten, sie lernen auch nicht, ihren Streit selbst zu beenden. Das lernen sie nur, wenn der Erwachsene die Verantwortung für den Streit konsequent an sie zurückgibt.
Wichtig ist, daß die Kinder wissen: *Streiten ist erlaubt*. Verboten ist es, den anderen ernsthaft zu verletzen. Dazu gehört: zu beißen, umzustoßen, ins Gesicht zu schlagen, den anderen mit Gegenständen zu schlagen, weiterzuschlagen, obwohl der andere sich nicht mehr wehren kann, mit mehreren auf einen loszugehen. Eltern werden nicht verhindern können, daß ihre kleinen Kinder Streit auch mit körperlichen Auseinandersetzungen führen, aber sie können ihnen beibringen, welche Art von Angriffen tabu sind.
Es ist sinnvoll, wenn Eltern sich so weit wie möglich aus dem Streit ihrer Kinder heraushalten und nur dann eingreifen, wenn

ernsthafte Verletzungen zu befürchten sind. Es ist sehr schwierig, die Schiedsrichterrolle wirklich gerecht auszufüllen. Oft sind die Erwachsenen nicht direkt dabei, wenn ein Streit beginnt, und haben gar nicht selbst beobachtet, wie der Konflikt entstanden ist. Wie wollen Sie dann zwischen »Täter« und »Opfer« unterscheiden? Sie werden mit Sicherheit zwei oder mehrere sehr verschiedene Versionen der Situation von den beteiligten Kindern zu hören bekommen! Wie wollen Sie entscheiden, wer Recht und wer Unrecht hat? Es ist eben nicht immer das Kind, das sich heulend die Backe hält oder einen Kratzer vorzuweisen hat, das unschuldige »Opfer«; oft genug hat es den Streit provoziert und seinen Teil zu der Situation beigetragen.

Gerade jüngere Geschwister verstehen es oft ausgezeichnet, die älteren so lange herauszufordern, bis es knallt, und sich dann bei den Eltern Verstärkung zu holen. Wenn die Erwachsenen dem Jüngeren dann zur Seite stehen, verstärken sie dessen Verhalten: Es wird wieder dazu kommen, daß es das ältere Kind, von den Eltern unbemerkt, herausfordert. Das ältere Kind fühlt sich ungerecht von den Eltern behandelt und gerät zunehmend in die Rolle des Übeltäters, sinnt auf Rache. Heftige Machtkämpfe unter den Geschwistern sind dann vorprogrammiert. Ein Kind, das ständig auf die Unterstützung durch einen Erwachsenen hoffen kann, wird den Streit suchen, wenn es seinen Kopf nicht durchsetzen kann und auf Widerstand bei den Geschwistern stößt.

Wenn Eltern Partei ergreifen, ernennen sie eines der Kinder zum Gewinner und das andere zum Verlierer. Ein Kind hat die Gunst der Eltern erkämpft, das andere hat sie verloren. Für den Gewinner ist es also durchaus lohnend, den nächsten Streit nach dem gleichen Muster anzuzetteln, dafür werden eventuell auch ein paar Handgreiflichkeiten des Geschwisters in Kauf genommen. Mit der Beendigung des Streits durch den Schiedsspruch des Erwachsenen ist der nächste Streit schon im Entstehen. Es ist also riskant, dem scheinbar Schwächeren

zu helfen, wenn man das Geschehen nicht direkt beobachtet hat.
Ein weiterer Grund, der gegen häufiges Eingreifen der Eltern spricht, ist, daß die Erwachsenen durch die ständige Schiedsrichterfunktion die Verantwortung für die Lösung des Konflikts übernehmen. Abgesehen davon, daß die Kinder so nicht lernen, Konflikte selbst zu lösen, ist der Schwarze Peter damit beim Erwachsenen, der unter Druck gerät, dauernd gerechte Lösungen für die Auseinandersetzungen der Geschwister zu finden. Da das oft der Quadratur des Kreises gleichkommt, wächst bei vielen Eltern Ärger und Unmut über das Verhalten ihrer Kinder. Schlecht gelaunte Eltern und anstrengende Kinder sind die Folge. Ein großer Anteil an den Spannungen in Familien geht auf das Konto Geschwisterstreit.
Wenn Eltern sich klar machen, daß ihre Kinder sich entschieden haben zu streiten und dafür verantwortlich sind, den Konflikt selbst zu lösen, können sie in der Situation wesentlich gelassener bleiben. Wenn Sie sich nicht laufend dafür verantwortlich fühlen, daß sich Ihre Kinder miteinander wohl fühlen, wird ein Streit der Kinder Sie nicht so leicht dazu veranlassen, nach Lösungen für den Konflikt zu suchen. Für die Kinder ist der Streit meist viel weniger unangenehm als für die Erwachsenen, sie erleben ihn oft als längst nicht so schlimm, auch wenn es sehr heftig zugeht.

ELTERN ZEIGEN, WIE MAN STREITET

Sinnvoll streiten, wie geht das?
Wie man streitet, das gucken sich Kinder, wie so vieles andere auch, bei ihren Eltern ab. Ob Sie es wollen oder nicht, Ihr Verhalten in Konfliktsituationen ist Vorbild für die Kinder, darüber muß man sich einfach im klaren sein. Die Kinder lernen von Ihnen, in welchem Ton ein Streit geführt wird, ob Sie von sich und Ihren Wünschen und Forderungen sprechen oder sich in

Beschuldigungen des anderen ergehen, ob Sie Vorschläge machen und bereit sind mit sich handeln zu lassen oder stur auf Ihrer Position beharren, ob Sie einen Konflikt auch mal vertagen können, weil sich gerade keine Lösung finden läßt, und wie man einen Punkt setzt und sich wieder verträgt.
Kinder verhandeln, wie wir Erwachsenen auch, oft über Dinge, bevor es dann zu einem Streit kommt. Deshalb ist es nützlich, wenn Geschwister zu Hause lernen können, wie man so diskutiert und verhandelt, daß es nicht in destruktiven Streit ausartet. Dabei spielt das Verhalten der Eltern eine große Rolle. So wie sie ihren Kindern Tischmanieren vermitteln, zeigen sie ihnen auch, wie man diskutiert und Lösungen aushandelt, streitet und sich wieder verträgt. Kinder beobachten, wie die Erwachsenen untereinander Auseinandersetzungen führen und erleben tagtäglich, wie Eltern in Konfliktsituationen mit ihnen umgehen. Verhalten die Eltern sich da so, wie sie es von den Kindern im Streit verlangen? Kinder lernen viel mehr von dem, was sie bei uns beobachten, als von unseren Erklärungen oder gar Predigten.
Werden die Erwachsenen schnell laut, wenn sie mit den Kindern oder untereinander streiten?
Gehen sie schnell zu »Erpressungen« über (Wenn du jetzt nicht aufräumst, bekommst du kein Eis)?
Benutzen sie Schimpfwörter?
Bekommen die Kinder einen Klaps, wenn die Eltern gar nicht mehr weiterwissen?
Knallen die Erwachsenen mit Türen, wenn sie wütend sind?
Was passiert, wenn die Erwachsenen sich nicht einigen können? Herrscht dann erst einmal Funkstille?
Entschuldigen sich die Erwachsenen, wenn ihnen mal der Kragen geplatzt ist?
Meinungsverschiedenheiten, Ärger und Wut sind unvermeidlich in Familien. Eltern sind aber keine Heiligen, denen es ständig gelingt, bei Spannungen und Auseinandersetzungen ruhig und gelassen einen produktiven Beitrag zur Lösung der Konflikte zu finden. Das wäre eine unmenschliche Erwartung an sich

selbst; einem so perfekten Selbstbild kann niemand gerecht werden. Es geht also nicht darum, ständig ein perfektes Vorbild zu sein, sondern herauszufinden, wie man selbst eigentlich streitet oder sich abgrenzt und ob das zu dem, was man von den Kindern erwartet, paßt.

KLARE REGELN HELFEN BEIM STREITEN

Eltern müssen im Alltag ständig spontan Entscheidungen treffen, wie sie sich den Kindern gegenüber verhalten wollen. Es ist lohnend, sich zu einem ruhigen Zeitpunkt erst einmal selbst darüber klarzuwerden, welche Regeln für Streit in der Familie oder Streit unter den Geschwistern gelten sollen, und dies auch mit dem Erziehungspartner abzustimmen.
Welche Regeln können Kindern helfen, ihre Konflikte selbst zu lösen? Hier ein paar Vorschläge, welche Regeln für Eltern und Kinder hilfreich sein können:

Regel Nr. 1: Ohne Streiten geht es nicht, Streiten ist erlaubt.
Den Kindern wird signalisiert, daß sie streiten dürfen, indem die Eltern diese Regel aussprechen, sich aber aus dem Streit heraushalten und nicht versuchen, durch Einmischung oder ein »Machtwort« die Sache so schnell wie möglich zu beenden.

Regel Nr. 2: Reden, nicht schlagen.
Eltern zeigen durch ihr Vorbild, daß man mit Worten und nicht mit Handgreiflichkeiten argumentiert. Wenn sie ihr Kind dabei beobachten, wie es auf ein anderes Kind losgeht, sprechen sie die Regel aus und hindern es daran.

Regel Nr. 3: Wer geschubst oder gehauen wird, verteidigt sich möglichst erst einmal mit Worten oder versucht sich zu entziehen. Wer weiter angegriffen wird, darf zurückhauen. Angreifen ist verboten, sich verteidigen ist erlaubt.

Regel Nr. 4: Wer streitet, sucht selbst nach einer Lösung. Eltern sind keine Schiedsrichter. Soweit es irgend geht, halten Eltern sich aus dem Streit der Geschwister heraus und weigern sich, den Schiedsrichter zu spielen, da sie ja meist auch gar nicht mitbekommen haben, wie der Streit begann. Sie verweisen die Kinder auf sich selbst (auch bei Geschrei und Schrammen) und fordern sie auf, selbst eine Lösung zu finden.

Regel Nr. 5: Wer Gegenstände eines anderen zerstört, muß diese reparieren oder ersetzen. Nach dem Prinzip der Wiedergutmachung bestehen die Eltern darauf, daß der Schaden behoben oder ein Ersatz geschaffen wird, z.B. ein eigenes Spielzeug für das zerstörte gegeben wird. Auch hier sollte man ruhig auf der Einhaltung einer »juristischen« Regel bestehen, ohne Moralpredigten zu halten.

Regel Nr. 6: Wenn der Streit gefährlich wird, greifen die Eltern ein und trennen die Kinder voneinander. Wenn die Eltern befürchten müssen, daß die Kinder sich ernsthaft weh tun, oder wenn das Schreien und Streiten für die Eltern unerträglich wird, hindern sie die Kinder daran, auf diese Art weiterzukämpfen.

Praktische Hinweise für Eltern

- Überlassen Sie so oft wie möglich den streitenden Kindern die Verantwortung für die Beendigung des Streits.
- Wenn Sie nicht von Anfang an miterlebt haben, wie der Streit sich entwickelt hat, übernehmen Sie keine Schiedsrichterfunktion.
- Stellen Sie klar: Streiten ist erlaubt. Gestritten wird mit Worten.
- Es ist verboten zu beißen, zu schubsen, mit Gegenständen zu schlagen und was Sie sonst für zu gefährlich halten.
- Wenn Sie bei kleinen Kindern in den Streit eingreifen, vermitteln Sie die Streitregeln, die Ihnen wichtig sind.

SCHLUSSBEMERKUNG

Nach so vielen Überlegungen zum Geschwisterstreit sollen ein paar Gedanken zur Förderung der Zusammengehörigkeit in der Familie nicht fehlen. Angesichts der Verlockungen durch die Massenmedien ist es nicht einfach, gemeinsame Interessen und Aktivitäten mit den Kindern zu entwickeln oder aufrechtzuerhalten. Aber gerade Kinder von 0-6 Jahren brauchen den direkten Kontakt und profitieren gar nicht oder wenig von Massenmedien oder Computerspielen. Das gemeinsame Spielen in der Familie und gemeinsame Erlebnisse sind nicht zu ersetzen durch noch so gute Kinderprogramme und Computerspiele. Damit diese gemeinsamen Momente nicht im Sog des Alltags untergehen, ist es nützlich, ihnen einen festen Platz im Familienalltag zu geben.

Wenn die Kinder noch im Kindergartenalter sind, haben sie oft noch kein Interesse an Gesellschaftsspielen oder nur sehr wenig Ausdauer dabei. Außerdem fällt es den meisten noch schwer zu verlieren, und wenn ein Geschwisterkind dabei ist, gelingt das erst recht nicht. Gesellschaftsspiele können bei kleineren Kindern deshalb eher zu Rivalität und Streit führen. Lustiger und entspannender kann es mit allen Spielen sein, bei denen es nicht um das Gewinnen geht und nicht so viele Regeln beachtet werden müssen. Tiere darstellen und raten, Berufe raten, »Ich seh etwas, was du nicht siehst« sind Beispiele für solche Spiele, die auch den Vorteil haben, daß kein bestimmtes Spielziel erreicht werden muß und die deshalb jederzeit beendet werden können. Wenn Sie selbst gerne spielen, werden Sie sicher zusammen mit Ihren Kindern eine Menge Ideen zu Spielen dieser Art haben.

EMPFOHLENE KINDERBÜCHER ZUM THEMA GESCHWISTER

Burningham, John: Das Baby, Sauerländer, Frankfurt 1997 (ab 3 Jahren)

Filker, Claudia: Als Leo ein Baby bekam, Oncken, Haan 1997 (ab 5 Jahren)

Forslind, Ann: Kleine große Schwester, Oetinger, Hamburg 1997 (ab 3 Jahren)

Graham, Bob: Baby hier! Baby da!, Sauerländer, Frankfurt 1999 (ab 4 Jahren)

Janosch: Hasenkinder sind nicht dumm. Die Geschichte vom Hasenkind Jochen Gummibär und seinen Geschwistern Bobbo, Bubbi, Babba und Bibbelchen, Beltz, Weinheim 1978 (ab 5 Jahren)

Langreuter, Jutta; Sobat, Vera: Der kleine Bär bekommt ein Geschwisterchen, Ars Edition, München 1996 (ab 3 Jahren)

Lindgren, Astrid; Wikland, Ilon: Ich will auch Geschwister haben, Oetinger, Hamburg 1979

Meißner-Johannknecht, Doris; Ellermann, Heike: Die Puppe Bella. Oder bloß keine Schwester!, Lappan, Oldenburg 1997 (ab 5 Jahren)

Pressler, Mirjam: Leselöwen Geschwistergeschichten, Loewe, Bindlach 1993 (ab 6 Jahren)

Ross, Tony: Ich will eine Schwester, Lappan, Oldenburg 1999 (ab 5 Jahren)

Scharff-Kniemeyer, Marlis; Stohner, Anu: Wir sind jetzt vier, Ravensburger, Ravensburg 1998 (ab 2 Jahren)

Stanley, Mandy: Amadeus bekommt eine kleine Schwester, Ars Edition, München 1996 (ab 2 Jahren)

Steinwart, Anne: Verflixter Tom! und andere Geschwistergeschichten, Arena, Würzburg 1995 (ab 7 Jahren)

Sykes, Julie; Warnes, Tim: Große Überraschung, Kleiner Tiger! (Edition kleiner Bär), Oz, Stuttgart 1999 (ab 4 Jahren)

Wenzel-Bürger, Eva; Schneider, Liane: Conni und das neue Baby, Carlsen, Hamburg 1995 (ab 3 Jahren)